Claudia Ludwig

Hunde aus dem Tierheim

Ein neues Zuhause für herrenlose Vierbeiner

Inhalt

Wir suchen ein neues fröhliches Zuhause!

Geben Sie herrenlosen Hunden eine Chance und holen Sie sich Ihren neuen Hausgenossen aus einem der vielen Tierheime. Sie leisten damit einen aktiven Beitrag zum Tierschutz.

Die Tierheime sind überfüllt.
Sie finden dort bestimmt den Vierbeiner Ihrer Wahl –
groß oder klein, Mischling oder Rassehund.

Ein Hund aus »zweiter Hand«

Seit einigen Jahren zeichnet sich – Gott sei Dank – deutlich der Trend ab, dass sich immer mehr Tierfreunde ihren neuen vierbeinigen Hausgenossen im Tierheim statt beim Züchter oder gar beim Händler holen – oder dass sie einem herrenlosen Hund von der Straße ein neues Zuhause geben. Reinrassigkeit, stolze Stammbäume und Standardaussehen lassen diese Hundeliebhaber kalt. Diese erfreuliche Entwicklung zu unterstützen und gleichzeitig Pannen und Probleme, die dabei natürlich entstehen können, zu vermeiden, soll das Ziel dieses Ratgebers sein.

Ein solcher Hund aus »zweiter Hand« muss übrigens nicht unbedingt eine Promenadenmischung sein. Denn leider sind unsere Tierheime auch voller Rassehunde. Ja, oft werden sogar gerade solche Tiere abgegeben oder ausgesetzt, weil sie vielleicht nicht (mehr) zur Zucht taugen, weil sie eine Fehlfarbe oder eine unerwünschte weiße Blesse aufweisen oder auch weil ein Züchter ganz aufgegeben hat.

Beim unbeschwerten Spiel auf der Wiese werden die ersten Kontakte geknüpft.

Hunde mit Vergangenheit

Also: Auch wenn Sie unbedingt einen reinrassigen Hund haben möchten, vielleicht sogar wegen eines besonderen Faibles eine ganz bestimmte Rasse, dann lohnt es sich ebenfalls auf jeden Fall, erst einmal die Tierheime in der näheren Umgebung abzuklappern. Die verschiedenen Kapitel dieses Buches sind nun dem mehr oder weniger älteren Hund gewidmet, der in der Regel schon einiges hinter sich hat – eben dem Hund aus »zweiter Hand«.

Dabei möchte ich diesen Begriff gern etwas erweitern: Denn erstens gibt es leider auch viel zu viele Hunde, die weit mehr als zwei-, dreimal den Besitzer wechseln, sogar schlimmstenfalls über die dritte und vierte Hand hinaus zum regelrechten Wanderpokal verkommen. Und zweitens sollen im Folgenden auch Tiere mit einbezogen werden, die vorher ohne Besitzer waren, also herrenlose Streuner, die wild lebten. Sprechen wir deshalb am besten ganz einfach von »Hunden mit Vergangenheit«.

TIPP Sollten Sie in Ihrem Tierheim wider Erwarten nicht fündig werden, so ist der nächste sinnvolle Schritt, sich vor allem bei größeren Tierschutzvereinen, die vielleicht etwas weiter entfernt sind, telefonisch nach einem Schützling in Ihrer Lieblingsrasse zu erkundigen.

Ein trauriger Start ins Leben: Schon als Welpe sitzt dieser kleine Kerl im Tierheim.

Der Tierschutzgedanke

Wer sich ein Haustier anschaffen möchte und mit ihm – hoffentlich – dessen ganzes Tierleben verbringen wird, der sollte doch wohl nicht nur ein Tierhalter, sondern auch ein Tierfreund sein – jemand, der sich über das Los aller Tiere Gedanken macht, – jemand, dem nicht nur der eigene Hund, sondern Hunde im Allgemeinen am Herzen liegen.

Warum ein »Hund mit Vergangenheit«?

Ein entscheidendes Argument kann nicht deutlich und oft genug formuliert werden: Einem herrenlosen Hund aus dem Heim oder von der Straße ein neues Zuhause zu geben ist ein aktiver und sinnvoller Beitrag zum Tierschutz!

Und was ist denn wichtiger: Mit stolzgeschwellter Brust das reinrassige Produkt eines Züchters vorzuführen oder einem im wahrsten Sinne des Wortes »armen Hund« eine Familie und ein Dach über dem Kopf zu geben?

Erstaunlicherweise trifft man immer noch Menschen, die sich mit einer »Tierheimtöle« oder einem Mischling genieren. Aber wer einen Vierbeiner nicht haben will, weil er ihn wegen seines fehlenden Stammbaumes für minderwertig hält, mit dessen Selbstbewusstsein ist es nicht weit her.

> **WICHTIG**
> Überlegen Sie sich gut, welchem Hund Sie ein neues Zuhause geben wollen. Es wäre für das Tier fatal, wenn Sie es nach einiger Zeit wieder im Tierheim abgeben würden, weil Sie sich geirrt haben.

Ein Haustier sollte kein Prestigeobjekt sein

Wenn Ihnen ein Hund gefällt und Sie ihm auch, dann nehmen Sie ihn doch bitte auch ohne adlige Ahnengalerie. Wer dagegen unbedingt ein Prestigeobjekt braucht, kann sich ja ein teures Auto vors Haus stellen, die edle neue Armbanduhr bestaunen lassen oder sonst irgendwie Finanzkraft und Luxus demonstrieren.

Und wenn auch die extrem geringen Anschaffungskosten keinesfalls den entscheidenden Grund für die Wahl eines Tierheimschützlings oder eines Straßenhundes darstellen sollten, so sind sie doch ein erfreulicher Nebeneffekt. Ein reinrassiger Welpe vom Züchter kostet momentan im Durchschnitt 900 bis 2500 DM (ca. 460 bis ca. 1278 Euro). Nach oben hin sind dabei keine Grenzen gesetzt. Dagegen ist die Schutzgebühr, die das Tierheim erwartet, vergleichsweise ein Trinkgeld, obwohl natürlich höhere Beträge gern akzeptiert werden und andere Tiere unterstützen.

Was spricht gegen einen Tierheimhund?

Ein ernst zu nehmendes Argument gegen einen solchen Hund ist die Sorge, er könnte schon zu viel hinter sich und entsprechend schlimmstenfalls irreparable Macken haben. Aber auch bei einem »nagelneuen« Welpen aus erster Züchterhand können Sie nicht absolut sicher sein, ein charakterlich wesensstarkes, kerngesundes sowie psychisch und physisch einwandfreies Tier zu bekommen. Außerdem, und dabei soll dieses Buch ein wenig helfen, sind die meisten eventuellen Macken eines Tierheimhundes durchaus wieder zu »reparieren«. Man braucht dann nur etwas mehr Verständnis, reichlich Geduld – und viel Liebe.

Sehr oft jedoch stellen sich viele Vorbehalte und Sorgen als unbegründet heraus, und selbst ein Tierheim-»Langzeitinsasse« lebt sich schneller ein, als man denkt.

Auch ein älterer Hund verdient einen schönen Lebensabend im Kreise einer netten Familie.

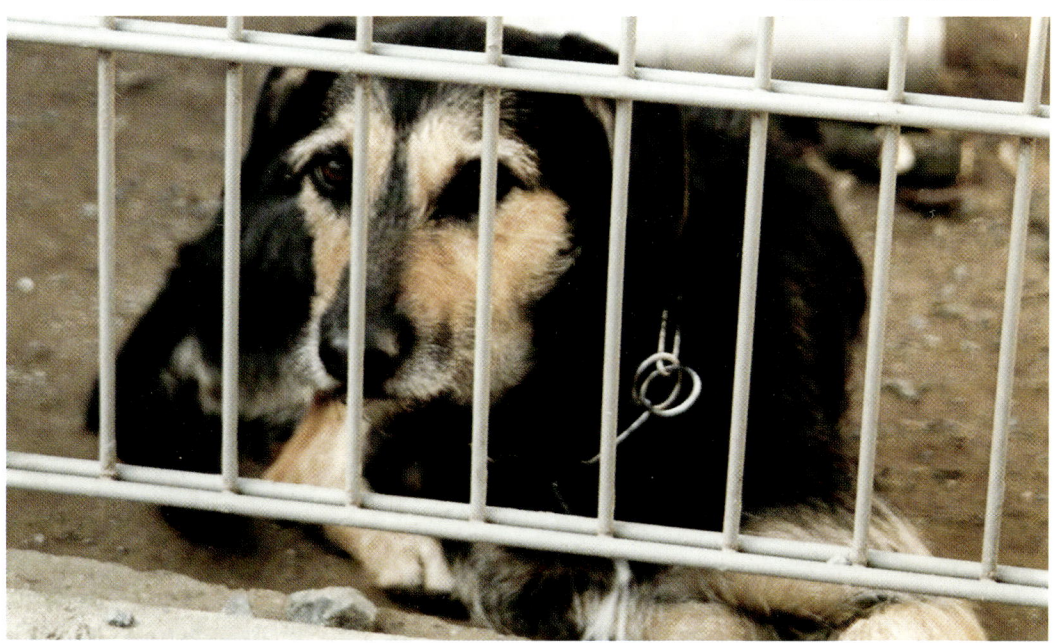

SPECIAL

Grußwort vom Deutschen Tierschutzbund

Im Grunde ist es eine Schande für unsere Gesellschaft, dass Tierheime überhaupt notwendig sind, doch die häufig übervollen Einrichtungen beweisen es immer wieder: Hunderttausende Hunde und Katzen, aber auch Kleintiere und Vögel kommen alljährlich »ins Heim«. Die Gründe dafür können sehr unterschiedlich sein. Natürlich gibt es den Fall, wo Herrchen oder Frauchen schwer erkrankt oder aus anderen Gründen nicht mehr in der Lage ist, das Tier selbst zu versorgen. Oft jedoch steht am Anfang eines solchen Tierschicksals einfach eine unüberlegte Kaufentscheidung: Man hat sich in einen niedlichen Welpen verliebt und die spätere Größe des Hundes nicht bedacht. Oder man hat vergessen, dass der Mietvertrag gar keine Tierhaltung erlaubt, und muss nun auf Verlangen des Vermieters seinen kleinen Hausgenossen wieder abschaffen.

Womöglich haben sich auch Eltern von ihren Kindern breitschlagen lassen und selbst eigentlich nie wirklich ein Haustier gewollt. Manchen Leuten wiederum werden Futter- und Tierarztkosten zu viel, und man kann noch froh sein, wenn in allen diesen Fällen die betroffenen Tiere ins Tierheim gebracht und nicht einfach gnadenlos vor die Tür gesetzt werden.

Auch Ehescheidungen sind sehr häufig der Anlass, das »Familienmitglied Tier« abzumelden. Es ist nicht zu glauben, aber Derartiges kommt ständig vor, und die Leidtragenden sind immer die Tiere.

Dem Deutschen Tierschutzbund sind derzeit über 700 Tierschutzvereine angeschlossen, von denen über 500 ein Tierheim unterhalten. Die Mitarbeiter und ehrenamtlichen Mitstreiter können ein Lied davon singen, welche Tierschicksale es geben kann. Sie wissen aber auch, welche Vorurteile ihren Schützlingen oft entgegengebracht werden.

Dieses Buch wird helfen, solche Vorurteile abzubauen. Es ist ein ausgesprochen engagiertes Plädoyer für den »Hund aus zweiter Hand«, der immer die »erste Wahl« sein sollte.

Als Redakteurin und Moderatorin zahlreicher Fernsehsendungen zur Vermittlung von Tieren weiß Claudia Ludwig genau, wie viele wundervolle, liebenswerte Hunde in unseren Tierheimen auf neue Besitzer warten. Sie bricht jedoch auch eine Lanze für die unzähligen frei lebenden Hunde, die Urlaubern in südlichen Ländern zum Beispiel am Strand begegnen. Dass hier im Einzelfall sehr genau überprüft werden muss, ob ein solches Tier wirklich herrenlos ist, und dass verschiedene Vorschriften zu beachten sind, wenn man es mit nach Hause nehmen möchte, versteht sich von selbst.

Die Mitnahme eines solchen Tieres kann sein Leben retten. Das Grundproblem allerdings, dass frei lebende Hunde und Katzen in den Mittelmeerländern oft auf grausamste Weise verfolgt und umgebracht werden, lösen wir langfristig nur vor Ort, indem wir Tierschützern im Ausland Hilfe zur Selbsthilfe geben, wie der Deutsche Tierschutzbund dies seit vielen Jahren tut.

»Tierschutz ist Erziehung zur Menschlichkeit« – diesem Satz von Albert Schweitzer weltweit Geltung zu verschaffen ist unser dringendes Anliegen.

Das vorliegende Buch wird uns dabei helfen, Tierfreunde davon zu überzeugen, dass sie keineswegs »sicherheitshalber« einen Hund beim Züchter kaufen und damit die »Massenproduktion« von Hunden nur noch weiter ankurbeln sollten. Wir können uns und unseren Mitgeschöpfen nur wünschen, dass es eine weite Verbreitung finden wird.

Wolfgang Apel
Präsident des
Deutschen Tierschutz-
bundes e.V.

Wolfgang Apel mit einem seiner Schützlinge aus dem Tierheim in Bremen.

Woher nehmen?

Es gibt ganz verschiedene Möglichkeiten, »auf den Hund zu kommen«, ohne einen Züchter oder Händler zu konsultieren. »Hunde mit Vergangenheit« werden von privat abgegeben, sitzen zu Tausenden in den Tierheimen oder leben auf der Straße.

Von der Straße – ausgesetzt

Frei lebende Streuner, die auf Dauer ohne menschliche Bezugsperson und ohne Dach über dem Kopf auskommen müssen, sind bei uns in Mitteleuropa erfreulicherweise eher die Ausnahme.

Es kann jedoch auch bei uns einmal passieren, dass Ihnen ein Hund zuläuft oder dass Sie ein Tier beobachten, das offensichtlich allein unterwegs ist und sich verirrt zu haben scheint. Sein Zustand gibt dann oft erste Hinweise auf die näheren Umstände: Handelt es sich um ein verstörtes, er-

CHECKLISTE

Was tun mit einem Findling?

- am Halsband nach Adresse/Telefonnummer suchen
- feststellen, ob der Hund gechipt ist
- nächstgelegene Polizeistation informieren
- nächstgelegenes Tierheim informieren
- Zettel mit Beschreibung des Tieres im Supermarkt und an Bäumen aushängen
- Annoncen in die Zeitung setzen

TIPP Damit Sie Ihren Hund wiederbekommen, falls er aus irgendeinem Grund abhanden gekommen ist, sollte er ein Halsband oder einen Anhänger mit eingraviertem Namen, Adresse beziehungsweise Telefonnummer tragen. So weiß sein Finder, wo er ihn abgeben oder wen er verständigen muss.

Einfach ausgesetzt auf dem Weg in den sonnigen Süden: Das ist schlichtweg kriminell.

schöpftes, verwahrlostes, schmutziges und ausgehungertes Tier, das auch noch in der Nähe der Autobahn gefunden wurde, so lässt das Schlimmes befürchten. Dagegen kann man vermuten, dass ein offensichtlich sehr gepflegter Hund mit Halsband wahrscheinlich eher entlaufen als ausgesetzt worden ist.

Zugelaufen – was nun?

Falls Sie bei dem zugelaufenen Hund – egal welchen Eindruck er macht – weder Adresse oder Telefonnummer des Besitzers am Halsband noch eine Tätowierung im Ohr entdecken, informieren Sie bitte unbedingt die nächstgelegene Polizeistation sowie die Tierschutzvereine der Umgebung.

Mittlerweile ist es auch möglich, dass der Findling gechipt ist, das heißt, er trägt seinen »Ausweis« unterm Fell, und zwar in Form eines Mikrochips, der alle Daten zur Identifikation des Tieres und seines Besitzers enthält.

Ist der Hund weder tätowiert noch gechipt, lässt sich auch auf keine andere Weise ein Besitzer ermitteln, und liegt auch keine Suchmeldung vor, dann können Sie Ihren Findling, wenn Sie möchten und die Möglichkeit dazu haben, nun gu- ten Gewissens mit nach Hause nehmen. Für das Tier ist das sicher angenehmer, als ins Tierheim zu müssen.

Vielleicht findet ein Hund auch wieder zurück

Oft hat sich ein Hund aber auch nur zu weit von zu Hause entfernt, vielleicht, weil er einer interessanten Fährte auf der Spur war oder auf Freiersfüßen wandelte oder einfach etwas anderes glaubte erledigen zu müssen.

Deshalb sollten Sie immer erst ausprobieren, ob Sie den zugelaufenen Hund dazu motivieren können, sich wieder auf den Heimweg oder zumindest die Suche danach zu machen. Lassen Sie dazu das Tier an einer langen Leine laufen und seinen Weg alleine bestimmen. Im Idealfall werden Sie schon bald von weitem die Rufe der verzweifelten Besitzer hören, denen Sie dann nur noch zu folgen brauchen. Mitunter kann man auch beobachten, wie ein Hund immer aufgeregter wird, je näher er an sein Zuhause kommt. Oft wird er dann schon von Nachbarn und Passanten erkannt und identifiziert. Dann brauchen Sie ihn nur noch an der richtigen Haustür abzugeben.

> **INFO** Immer mehr Tierschutzvereine geben ihre Hunde nur noch gechipt ab. Daher verfügen auch etliche Tierheime, aber auch Tierarztpraxen und Veterinärämter über das dazugehörige Lesegerät, mit dem ein Chip am Tier ausfindig gemacht und gelesen werden kann.

> **WICHTIG**
> Bitte verlassen Sie sich, auch wenn der Hund schon so gut wie zu Hause ist, nicht darauf, dass er den Rest des Weges allein findet, sondern geben Sie ihn unbedingt persönlich bei seinen Besitzern ab.

Mit einem Lesegerät werden die Daten auf dem eingepflanzten Chip sichtbar gemacht.

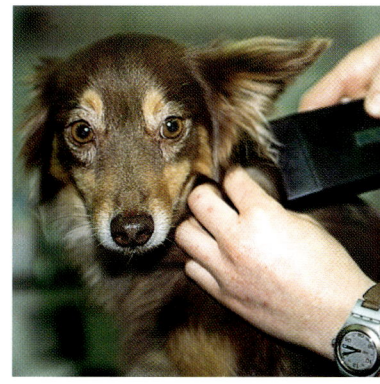

Wenn Sie ein Fundtier behalten möchten

Falls Sie Ihren Fundhund auch auf Dauer behalten wollen, sollten Sie allerdings sicherheitshalber – und zu Ihrer eigenen Beruhigung – noch ein paar Fundmeldungen in die Zeitungen Ihrer Stadt setzen, denn Sie müssen einem eventuellen Besitzer auf jeden Fall die Chance geben, sein Tier wiederzubekommen.

Tut sich danach immer noch nichts und Sie erfüllen auch die Bedingungen für eine Hundehaltung, ist es für Ihren Findling sicher das Beste, bei Ihnen zu bleiben. Damit ist allen gedient – nicht zuletzt auch dem Tierschutzverein, der in diesem Fall gar nicht erst helfen musste.

Bedenken Sie dabei aber bitte, dass dies eine Entscheidung für das ganze restliche Leben des Hundes sein sollte, denn schließlich hat er bereits mindestens einmal sein Zuhause verloren und schlechte Erfahrungen gemacht und das sollte nicht noch einmal passieren!

> **INFO** Eine Rückgabefrist gibt es genauso bei einem Fundhund aus dem Tierheim: Zwar darf der Tierschutzverein ihn nach einer angemessenen Wartefrist vermitteln, muss aber – falls die Sechs-Monats-Frist noch läuft – den neuen Besitzer darauf hinweisen, dass so lange noch eine Rückgabepflicht besteht.

Eine Frist für den alten und den neuen Besitzer

Als neuer Halter müssen Sie zumindest noch eine Zeit lang (offiziell besteht der alte Besitzanspruch noch 6 Monate) damit rechnen, dass ein Vorbesitzer auftaucht. Denn wenn ein Hund etwa bei einem Stop während einer längeren Autofahrt ausgebüxt ist, so gestaltet sich die Suche entsprechend kompliziert und langwierig.

Oder wenn das Tier von einer Pflegestelle weggelaufen ist und der Besitzer längere Zeit im Krankenhaus oder auf Urlaub war, dann kann es sein, dass eine intensive Fahndung erst mit entsprechender Verzögerung aufgenommen wird.

Dass ein Hund allerdings nach mehreren Monaten noch gesucht und bei Ihnen abgeholt wird, ist unwahrscheinlich. Wenn überhaupt, dann passiert so etwas eher bei entlaufenen Katzen, die in der Regel länger allein unterwegs sein können, ohne gleich aufzufallen.

Auf keinen Fall darf man solch einen Findling verstecken oder zurückhalten. Das wäre dem eigentlichen Besitzer gegenüber sehr unfair. Denn die Ungewissheit über den Verbleib und das Schicksal eines geliebten Tieres ist für die meisten Menschen schlimmer als dessen Tod. Und denken Sie immer daran, wie froh Sie wären, wenn Ihnen jemand Ihren entlaufenen Liebling wiederbrächte.

Aus dem Süden – verwildert

Bei uns in Deutschland, in Österreich oder in der Schweiz, ebenso wie auf den Britischen Inseln, in den Benelux-Staaten und in Skandinavien kennen wir eigentlich bestenfalls ein paar Kolonien verwilderter Hauskatzen, aber keine frei lebenden Hunderudel. Umso irritierter sind viele Urlauber, wenn sie im Mittelmeerraum, auf den Kanarischen Inseln und in Osteuropa mit solchen wilden Hunden konfrontiert werden.

Manche haben Angst vor ihnen; manche empfinden sie als unhygienische Plage (wie die meisten Einheimischen übrigens auch). Die Tierfreunde unter den Touristen jedoch machen sich (zu Recht!) Sorgen um die schutzlosen Haustiere. Viele füttern sie, verteilen gefüllte Wassernäpfe und versuchen, ihnen die Zecken herauszudrehen. Ist die Urlaubszeit dann vorbei, bricht ihnen das Herz bei dem Gedanken, ihre Schützlinge so schutzlos zurücklassen zu müssen. Manchmal wirkt die Situation allerdings tragischer, als sie ist. Denn unter den Streunern gibt es auch Hunde, die gut zurechtkommen, weil sie geduldet und von Einheimischen gefüttert werden.

> **TIPP** Die süd- und osteuropäischen Tierschutzvereine helfen Ihnen gern vor Ort, wenn Sie ein Tier mitnehmen möchten. Sie brauchen ein Gesundheitszeugnis oder einen Impfpass und müssen wissen, welche Formalitäten bei den Fluggesellschaften zu erledigen sind.

Begegnen sich unangeleinte Hunde, gibt es meistens keine Probleme mit der Verständigung.

Strandläufer

Frei lebenden Strandhunden geht es mitunter besser als ihren Artgenossen im Landesinneren. Je nachdem wie lange die Touristensaison dauert, können sie von und mit den Urlaubern ganz gut leben.

Natürlich werden Strandläufer nicht so alt wie unsere Hunde, aber sie können durchaus ein erfülltes und abwechslungsreiches Leben führen – wenn man sie nur lässt! Doch das ist leider höchst selten der Fall.

Streuner werden unbarmherzig getötet

In den meisten osteuropäischen Ländern, in der Türkei, in Griechenland, im ehemaligen Jugoslawien, in Italien, Spanien und Portugal und sicher auch in Nordafrika werden streunende Hunde regelmäßig eingefangen und oft auf eine barbarische Weise getötet, die ich hier lieber gar nicht im Einzelnen beschreiben möchte. Bei Dreharbeiten zu dem ARD-Film »Das Leid der Tiere« war ich selbst Augenzeugin sowohl der brutalen Einfangaktion als auch des anschließenden wöchentlichen Vergasens der Hunde und Katzen. Das war im spanischen Malaga; dort werden übrigens nicht nur herrenlose Streuner, sondern auch unangeleinte Hunde, die sehr wohl einen Besitzer haben, zum Gastod verurteilt. Weibchen werden besonders verfolgt, weil sie ja den unerwünschten Nachwuchs auf die Welt bringen.

Ein vierbeiniges Urlaubsmitbringsel

Haben Sie im Urlaub also Ihr Herz an einen liebenswerten Strand- oder Straßenköter verloren – oder er seines an Sie und rennt Ihnen nun dauernd nach –, erkundigen Sie sich bei den Einheimischen, was aus ihm wird, wenn die Saison vorüber ist. Das sollten Sie übrigens auch tun, wenn Sie das Tier nicht unbedingt (für sich selbst) haben möchten. Denn geben die Einheimischen unbekümmert zur Antwort, dass streunende Hunde »nach der Saison« von behördlicher Seite eingefangen und entweder sofort oder »nach einer angemessenen Wartefrist« von 1 bis 3 Wochen getötet werden, dann ist das keine Schauergeschichte, sondern in vielen Gegenden absolut üblich. Und einmal in einem staatlichen Tierasyl gelandet, haben weder die Fund- noch die Abgabehunde gute Chancen, dort wieder lebend herauszukommen.

> **TIPP**
>
> **Wenn Sie herrenlose Tiere in Ihrem Urlaubsland beobachten, erkundigen Sie sich nach deren Schicksal. So sehen die Einheimischen, dass es den Urlaubern nicht gleichgültig ist, wenn Tiere eingefangen und »entsorgt« werden. Und Sie können vielleicht dem einen oder anderen Vierbeiner helfen.**

Extreme Verfolgungen in der Türkei

In der Türkei begann das neue Jahrtausend mit einem barbarischen Parlamentsbeschluss: Er veranlasste landesweit eine beispiellose Hetzjagd auf alle frei laufenden Hunde, auch die, die einen Besitzer hatten. Vorwand war ein Todesfall nach einem Hundebiss, den man ohne Beweise und Obduktion auf Tollwut zurückführte und damit fast eine Art Massenhysterie auslöste. Stolz berichteten allabendlich die Nachrichtensendungen über die Massentötungen und zeigten im Fernsehen, wie die Opfer schwanzwedelnd vergiftete Fleischbällchen fraßen, um danach langsam und qualvoll zu sterben. Nach Augenzeugenberichten soll es in Städten wie Istanbul inzwischen so gut wie überhaupt keine Hunde mehr geben! Desinformation, Hysterie und Populismus sind immer schlechte Ratgeber.

Offensichtlich haben nicht einmal die Rettungshunde, die noch wenige Monate zuvor unzählige Erdbebenopfer unter den Trümmern aufspürten und denen viele Verschüttete ihr Leben zu verdanken haben, die Einstellung der Behörden gegenüber Hunden in diesem Lande verändert!

> ### WICHTIG
> Wenn Sie also einem Hund aus dem Süden ein Zuhause bieten können, dann tun Sie es. Sie retten damit in der Regel (s)ein Leben! Das Gleiche gilt natürlich auch für Katzen.

Dösen in der Sonne. So friedlich ist das Leben eines Streuners aber leider nicht immer.

SPECIAL

Der Tierschutz im Süden

Unabhängig von der Adoption eines südlichen Streuners ist es natürlich besonders sinnvoll und hilfreich, wenn Sie die Arbeit der einheimischen Tierschützer vor Ort unterstützen. Um die Probleme zu lösen, müssen dort eigene Vereine gegründet und gefördert werden. Der Bau der dazugehörigen Tierheime stellt vielerorts das nächste Ziel dar, denn Unterbringungsmöglichkeiten sind natürlich die Basis aller Arbeit. Genauso wichtig sind auch Kastrationskampagnen, weil in der unkontrollierten Vermehrung von Hunden und Katzen die Wurzel allen Elends liegt. Für all diese Zwecke sowie für Impfungen und Arzneimittel werden Geld- und Sachspenden dringend gebraucht.

Inzwischen gibt es auch schon eine Reihe von Tierschutzorganisationen, die sich gezielt mit den Problemen in den Mittelmeerländern, in Portugal, auf Madeira und den Kanaren sowie in den osteuropäischen (Urlaubs-)Regionen beschäftigen (einige Adressen siehe Anhang Seite 124 f.).

Europäische Zusammenarbeit – auch im Tierschutz

Freilich bedeutet die Mitnahme eines einzelnen Glückspilzes für all die anderen wild lebenden Hunde und Katzen keine Erleichterung ihres Schicksals. Und natürlich sind auch unsere Tierheime voll von »Wegwerftieren«, die sich nach einem neuen Zuhause sehnen. Daher fliegen Tierschutzorganisationen aus Prinzip nur

unproblematische und vor allem klein bleibende Hunde aus – also Kandidaten, die kaum zu unseren Tierheiminsassen in Konkurrenz treten. Denn bei uns stellen die großen Hunde das Riesenproblem dar! Gerade sie sitzen besonders in den Städten oft unglaublich lange im Tierheim, bis sie jemand nimmt. Im schlimmsten Fall verbringen sie dort sogar den ganzen Rest ihres traurigen Lebens. So sind etwa die Schäferhunde und Schäferhundmischlinge, die in der Obhut von Tierschützern auf ein neues Zuhause warten, kaum mehr zu zählen.

Tiere mit guten Vermittlungschancen

Im Gegensatz dazu können die kleinen Rassen und Mischlinge, vor allem, wenn die Tiere ohne Macken und noch nicht alt sind, meistens leicht, schnell und erfolgreich ans neue Herrchen oder Frauchen gebracht werden. Ja, Tierheime in Ballungsgebieten »klagen« mitunter sogar über zu wenig kleine Hunde und sind unglücklich, weil manche Interessenten dann doch enttäuscht zum Züchter gehen. Tun Sie das aber bitte bloß nicht. Geben Sie Ihrem Herzen einen Stoß und entscheiden Sie sich für einen anderen Hund.

»Luftbrücken« für klein bleibende Hunde nach Mittel- und Westeuropa sind vor diesem Hintergrund also – solange sich die Zustände nicht geändert haben – durchaus sinnvoll. Denn ehe sich Hundefreunde bei uns so einen kleinen Kerl beim Züchter oder gar beim Händler holen und so die weitere Produktion von »Wegwerfhunden« und Tieren als Ware unterstützen, während ein paar 100 Kilometer weiter südlich die schönsten und gesündesten Kleinhunde grausam vergast, ertränkt, vergiftet, erschossen, erschlagen oder bestenfalls eingeschläfert werden, ehe diese Perversion weitergetrieben wird, sollen lieber weiterhin Tiere aus dem Süden oder aus Bulgarien und Rumänien bei uns »unter die Haube« kommen!

Wenn ein Tierfreund auf den Fall, dass er an seinem Urlaubsort in irgendeiner Weise helfen muss oder möchte, vorbereitet sein will, ist es sinnvoll, sich schon vor Reiseantritt die Kontaktadressen der Tierschutzvereine vor Ort zu besorgen. Sie erfahren sie u. a. beim *Deutschen Tierschutzbund* oder dem *Bund gegen Missbrauch der Tiere*.

Städte-Patenschaften

Nach dem Vorbild von Städteverschwisterungen würde ich es für begrüßenswert halten, wenn gut funktionierende mitteleuropäische Tierheime durch eine Art Patenschaft für einen südlichen Verein gezielt helfen und Erfahrungen austauschen könnten.

Viele ausgemergelte Strandhunde fristen im Süden ein sehr trauriges Dasein.

Bürokratische Hürden

Leider fehlen anscheinend vielen unserer Behörden, Kommunen, Veterinärämter oder zuständigen Ministerien die nötigen Hintergrundinformationen, denn sie erschweren den im Ausland engagierten Tierschutzvereinen durch Verbote und Androhung von Mittelkürzungen deren lebensrettende Arbeit auf unverantwortliche Weise. Das gilt übrigens genauso für Tierheime, die in unseren EU-Partnerländern helfen möchten. Europa wächst zusammen, zahlt demnächst sogar mit einer Währung. Und da sollen ausgerechnet beim Tierschutz die Grenzen unüberwindbar sein?

Importierte Hunde dürfen nicht krank sein

Selbstverständlich muss bei den Importen möglichst gewährleistet sein, dass die Ankömmlinge gesund sind. Die meisten südlichen Tierschutzorganisationen nehmen daher hohe Kosten in Kauf, um ihre Vermittlungskandidaten vor dem Flug oder einer Autofahrt gen Norden genau untersuchen und Blutanalysen, wie zum Beispiel einen Leishmaniose-Test vornehmen zu lassen. Neben Befall durch Herzwurm oder Blutparasiten ist Leishmaniose nämlich die Hauptkrankheit, von der die südeuropäischen Hunde betroffen sind. Sie wird durch ein Insekt, die Sandmücke, verbreitet, das nur in Portugal und dem Mittelmeerraum existiert.

Epidemische Folgen

Übrigens können sich auch Menschen an Leishmaniose anstecken – allerdings nur durch die Sandmücke – und nicht etwa durch die Hunde! Das ist ganz wichtig und wird immer wieder falsch dargestellt.

Bei uns gibt es übrigens keine Leishmaniose, weil es in unseren Breiten gottlob zu kalt für dieses unheilvolle Insekt ist. Insofern können Hunde, die an Leishmaniose erkrankt oder damit zumindest infiziert sind, bei uns nicht zur weiteren Verbreitung der Krankheit beitragen. Selbst wenn also einmal – trotz aller Vorsichtsmaßnahmen und Kontrollen seitens der Tierschützer – ein Leishmaniose-infizierter Hund unter den vierbeinigen »Einwanderern« dabei sein sollte, so ist dies – wenn die Krankheit tatsächlich ausbrechen sollte – sehr sehr tragisch für den Hund und seine Menschen, aber ohne epidemische Folgen.

INFO **Ex-Streuner aus dem Süden besitzen, schon weil sie meist im Rudel gelebt haben, in der Regel ein ausgezeichnetes Sozialverhalten, sind freundlich, verträglich und kinderlieb. Zudem sind sie liebebedürftig und dankbar, allerdings oft aufgrund ihrer schlechten Erfahrungen (anfangs) etwas ängstlich und scheu.**

TIPP **Da sich in der Veterinärmedizin gerade auf dem Gebiet der tropischen Krankheiten und der Parasitologie momentan sehr viel tut, sollten Sie sich, falls Ihr Hund betroffen ist, gründlich über neue Therapien informieren.**

Wichtiges zur Leishmaniose

Leishmaniose-Hunde stellen keine Gefahr für Mensch und Tier dar. Das zu betonen ist wichtig, denn immer wieder wird behauptet, Hunde aus dem Süden würden (neue) Krankheiten einschleppen und andere Tiere anstecken.

Keine vollständige Heilung

Im Unterschied zu betroffenen Menschen ist Leishmaniose bei Hunden allerdings bisher noch unheilbar: Bei den von ihr befallenen Hunden bricht die Krankheit irgendwann einmal aus und sie sterben früher oder später daran. Damit nun kein Tier ausgeflogen wird, das vielleicht sowieso nicht mehr lange zu leben hat oder seinen neuen Besitzern hohe Tierarztkosten verursacht, wird noch im Ursprungsland der Test durchgeführt. Hunde, die die Krankheit in sich tragen, werden behandelt, bekommen, solange es ihnen noch gut geht, das Gnadenbrot bei den Tierschützern und werden später, wenn die Beschwerden es notwendig machen, eingeschläfert. Eine humane Entscheidung, die jedoch die sowieso schon gebeutelten Vereine an die Grenzen des Ruins treibt.

Behandlung ist möglich

In der Veterinärmedizin hat sich gerade in diesem Bereich in den letzten Jahren viel getan. So existieren inzwischen Medikamente, die die Leishmaniose-Erreger so wirkungsvoll bekämpfen, dass ein Hund etliche Jahre gut damit leben kann. Genauere Erfahrungen hinsichtlich der Lebenserwartung infizierter Hunde gibt es noch nicht. Anscheinend besteht hier jedoch immer mehr Grund zum Optimismus.

Auch Touristenhunde sind gefährdet

Ich erwähne das nicht zuletzt deshalb, weil heutzutage, da (erfreulicherweise) immer mehr Hunde mit in den südlichen Sommerurlaub genommen werden, auch etliche Touristenhunde an Leishmaniose erkrankt sind. Denn natürlich werden die vierbeinigen Gäste von dem Insekt ebenso gestochen wie die einheimischen Hunde. Die Besitzer erkrankter Tiere müssen jedoch dank immer weiter entwickelter Medikamente nicht mehr verzweifeln, geschweige denn ihren Hund einschläfern lassen, sondern können seine Beschwerden mehr als lindern und sein Leben um viele Jahre verlängern!

INFO Derzeit wird fieberhaft an einem Impfstoff gegen Leishmaniose gearbeitet. Dies, um vor allem auch die reiselustigen Urlauberhunde zu schützen.

INFO Wichtig nicht nur für die Patientenbesitzer, sondern auch für viele Tierärzte: Die in Deutschland führenden Kapazitäten im Bereich der Leishmaniose-Forschung forschen und lehren an den Tiermedizin-Fakultäten der Universitäten München und Gießen.

Hunde vom Tierschutzverein

> **TIPP**
>
> Viele Tierschutzvereine pflegen mittlerweile eine eigene Internetseite, auf der sich Interessenten über das aktuelle Vermittlungsangebot informieren und schnell herausfinden können, ob dort vielleicht die oder der Richtige für sie dabei ist.

Doch zurück zu unseren eigenen Tierheimen: Wollen Sie einem etwas älteren Tier ein neues Zuhause geben, sehen Sie sich am besten erst einmal beim nächstgelegenen Tierschutzverein um. Überlegen Sie vorher, was Sie gern hätten: einen Rüden oder eine Hündin, einen jüngeren oder einen älteren Hund, lang- oder kurzhaarig, groß oder klein. Aber rechnen Sie damit, dass Sie mit dem genauen Gegenteil nach Hause kommen, weil Sie im Tierheim nämlich plötzlich auf ganz andere Dinge achten werden: auf die Augen und den Blick eines Hundes, auf sein Verhalten, auf die offene Sympathie, die er Ihnen vielleicht gleich entgegenbringt.

Der Gang ins Tierheim

Viele Menschen fürchten sich vor schrecklichen Bildern im Tierheim und davor, dass sie das geballte Tierleid völlig deprimiert. Diese Sorge ist natürlich berechtigt. Aber sie kann kein Grund sein, es nicht trotzdem zu versuchen – erstens gerade wegen der armen Geschöpfe, die ja sonst überhaupt keine Chance haben; und zweitens sind heute nicht mehr alle Tierheime so furchtbar.

> **WICHTIG**
>
> Erlaubt Ihr Vermieter Tierhaltung? – Viele schlechte Erfahrungen veranlassen die Tierschützer, mitunter sogar eine schriftliche Einverständniserklärung zu verlangen.

Verantwortungsvolle Vermittlung

Auch das schönste Tierheim kann kein individuelles Zuhause ersetzen und je kürzer der Aufenthalt dort ist, um so besser. Trotzdem gibt ein verantwortungsvoller Tierschutzverein seine Schützlinge nicht leichtfertig ab, sondern möchte so viel wie möglich über das neue Zuhause wissen, was immer wieder zu Missverständnissen zwischen Vermittlern und Interessenten führt. Letztere meinen nämlich oft, dem Tierschutzverein ja einen Gefallen zu tun, wenn sie bei ihm ein Tier holen, und die Tierheim-Mitarbeiter müssten dafür entsprechend dankbar sein. Und so sind die Besucher irritiert, wenn sie ausgefragt werden, wenn bei erfolgreicher Vermittlung eine entsprechende Spende beziehungsweise Schutzgebühr erwartet wird und sie auch noch einen strengen Schutzvertrag unterschreiben müssen. Aber, glauben Sie mir, all das ist nötig und liegt im Interesse der Tiere.

Auf folgende Fragen müssen Sie vorbereitet sein:
● Hatten Sie schon einmal Tiere? – »Anfängern« gibt man nicht gleich einen schwierigen Fall mit.
● Haben Sie schon einmal ein Haustier ohne besonderen Grund wieder abgegeben? – Das macht verständlicherweise nicht gerade den besten Eindruck.
● Wenn Sie von sehr weit her kommen: Warum bekommen Sie kein Tier vom Tierschutz Ihrer Heimatstadt?
● Wie sehen Ihre finanziellen Verhältnisse aus? – Zu oft schon brachten nämlich Halter ihren neuen Hund bei der ersten Krankheit zurück ins Tierheim, weil das Geld für den Tierarzt fehlte. Auch für artgerechtes Futter und regelmäßige Impfungen muss genug Geld vorhanden sein.

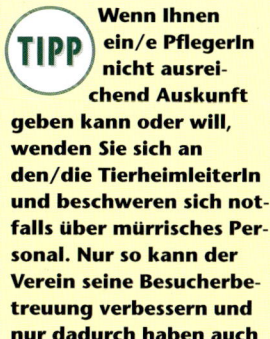

TIPP Wenn Ihnen ein/e PflegerIn nicht ausreichend Auskunft geben kann oder will, wenden Sie sich an den/die TierheimleiterIn und beschweren sich notfalls über mürrisches Personal. Nur so kann der Verein seine Besucherbetreuung verbessern und nur dadurch haben auch die Tiere eine Chance.

Die Fragen sind berechtigt und begründet

All diese misstrauischen Fragen sind nicht gegen Sie gerichtet, sondern sie dienen dem Interesse des zu vermittelnden Tieres, denn für den Vierbeiner gibt es nichts Schlimmeres, als ins Heim zurückgebracht zu werden. Solch ein Hund oder auch eine Katze ist dann nämlich noch unglücklicher als vorher und versteht die Welt nicht mehr. Sensible Tiere, die sowieso schon einiges hinter sich haben, sind durch solch eine Vermittlungspanne in ihrer positiven Entwicklung wieder total zurückgeworfen und ihre Betreuer müssen wiederum von vorn anfangen. Kein Wunder also, dass sie so viele Fragen stellen, oder?

Die Beratung

Nutzen Sie die Gelegenheit, auch selbst Fragen zu stellen. Die Tierheimmitarbeiter sollten wissen, ob sich ein Hund mit Artgenossen oder mit Katzen verträgt, ob er gern Auto fährt, wie er auf Kinder reagiert, woran er Spaß hat, was er bereits kann und was sonst noch für ein zukünftiges Zusammenleben wichtig ist.

Außerdem stehen die Tierpfleger in der Regel auch nach der Vermittlung noch mit Rat und Tat zur Seite, falls irgendwelche Probleme oder Verhaltensauffälligkeiten bei dem neuen Hund aufkommen sollten. Immer mehr Tierheime arbeiten auch direkt mit Hundeschulen oder -trainern zusammen, die bei der Ausbildung und Erziehung des Vierbeiners helfen. Auch kann ein älterer Hund noch etwas lernen.

Der soll es sein? Erkundigen Sie sich bei den Tierpflegern nach seinen Eigenschaften und Vorlieben.

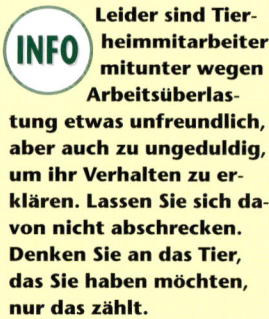

INFO Leider sind Tierheimmitarbeiter mitunter wegen Arbeitsüberlastung etwas unfreundlich, aber auch zu ungeduldig, um ihr Verhalten zu erklären. Lassen Sie sich davon nicht abschrecken. Denken Sie an das Tier, das Sie haben möchten, nur das zählt.

Woran es in den Tierheimen noch hapert

Selbst in sehr guten Tierheimen kann es vorkommen, dass Besuchern nicht die nötige Aufmerksamkeit geschenkt wird oder die angestellten oder ehrenamtlichen Mitarbeiter an Freundlichkeit zu wünschen übrig lassen. Mitunter können die Tierheim-Mitarbeiter schlichtweg mit Tieren besser umgehen als mit Menschen. Da es den Vereinen jedoch durchaus bewusst ist, dass ohne erfolgreiche Vermittlung und Öffentlichkeitsarbeit kein sinnvoller Tierschutz möglich sein kann, daher also jeder Interessent für ein Tier aus »zweiter Hand« wertvoll ist und sich willkommen fühlen muss, arbeiten die engagierten Organisationen daran, dieses Problem zu lösen – zum Beispiel durch Mitarbeiterseminare und Schulungen durch kompetente Fachleute und Psychologen.

Da jedoch gerade die kleineren Vereine aus Geldmangel auf ehrenamtliche Helfer und auf Angestellte, die sich auch mit einem sehr geringen Einkommen begnügen, angewiesen sind, können die sich ihre Leute eben nicht immer aussuchen, geschweige denn sie zum »Freundlichkeitstraining« schicken.

Ob ehrenamtlich oder angestellt – die Mitarbeiter sind oft Tag und Nacht im Einsatz.

Im Tierheimbüro unterschreiben die neuen Besitzer den Vertrag und bezahlen die Gebühr.

Die Spende oder Vermittlungsgebühr

Keine seriöse Tierschutzorganisation macht mit ihren Tieren Gewinn. Ein Tierheim ist keine Tierhandlung. Trotzdem können und dürfen die Tiere nicht umsonst abgegeben werden. Eine Geldspende beziehungsweise eine Vermittlungs- oder Schutzgebühr für eine erfolgreiche Vermittlung ist unbedingt notwendig:

● zum Schutze des Tieres, weil damit potenzielle Versuchslabor-Lieferanten abgeschreckt werden sollen. Wenn diese Tierhändler fast so viel für einen Hund bezahlen müssen, wie sie später beim Weiterverkauf für ihn bekommen, werden sich ihre kriminellen Machenschaften kaum lohnen.

● zur Finanzierung des Tierheimes, obwohl es dafür natürlich sowieso auch nicht annähernd reicht.

Bedenken Sie bitte auch, dass Sie in der Regel ein geimpftes und teilentwurmtes Tier erhalten. Mitunter sind die Hunde sogar bereits tätowiert oder gechipt worden. Das alles kostet viel Geld. Da bleibt kein Gewinn für das Heim. Und sollte es doch einmal so sein, wird ein anderes Tier davon profitieren.

WICHTIG

Wenn etwa eine arme Rentnerin zwei alte schwer vermittelbare unzertrennliche Tierheimhunde aufnehmen würde, sie kaum für die Tiere gleich ein paar hundert Mark Vermittlungsgebühr aufbringen könnte, wird jeder vernünftige Tierschutzverein natürlich keinesfalls darauf bestehen.

WICHTIG

Jeder verantwortungsvolle Tierschutzverein führt nach einer Vermittlung Kontrollbesuche durch, es sei denn, die völlige Arbeitsüberlastung hindert die Mitarbeiter daran, was aber schlimm wäre. Vertrauen ist gut, aber Kontrolle ist besser.

Der Tierschutz legt immer drauf

Viele Tiere werden schwer verletzt oder völlig verwahrlost im Tierheim abgegeben, müssen operiert oder zumindest ärztlich versorgt werden. Die damit verbundenen – oft erheblichen – Kosten können sich die Tierschützer kaum vom künftigen Besitzer rückerstatten lassen. Außerdem gibt es in jedem anständigen Tierheim alte und nicht mehr vermittelbare Tiere, die hier ihr Gnadenbrot bekommen – sie müssen von Ihrer Vermittlungsspende dann mit durchgefüttert werden.

Zur Höhe der Spende oder Gebühr

Üblich und sicher nicht zu viel sind im Durchschnitt zwischen 200 und 400 DM (ca. 102 bis ca. 204 Euro) für einen gesunden und geimpften und oft sogar kastrierten Hund.

Manche Tierheime nehmen für alle Hunde unabhängig vom Alter denselben Betrag. Manche erwarten für Welpen und jüngere Tiere mehr als für ältere. Andere wiederum versuchen, für Rassehunde mehr zu verlangen, um damit weniger attraktive Hunde mit ernähren zu können. Wieder andere lehnen solche Unterschiede ab – aus ethisch-philosophischen Gründen, nach denen alle Tiere, unabhängig von Rasse, Jugend und Schönheit gleich viel »wert« sind. Beide Standpunkte sind verständlich. Und ein weiteres Tierheim fährt sehr gut damit, den Leuten ihre Neuerwerbung erst einmal so mitzugeben und ihnen die Höhe der Spende selbst zu überlassen. Meist geben sie dann mehr, als erwartet wurde, weil sie so glücklich mit ihrem neuen Hausgenossen sind.

Um die Abgabegebühr sollte man nicht feilschen. Das ist unwürdig für alle Beteiligten, vor allem für den Hund. Denn auch wenn für ihn bezahlt werden muss, so ist er doch keine Ware, sondern ein zukünftiges lebendiges Familienmitglied, das sowieso nicht mit Geld »aufgewogen« werden kann.

Und wem schon die einmalige Vermittlungsspende lästig ist, dem unterstellen die Tierschützer zu Recht, dass ihm auch die regelmäßigen Impfungen oder eventuell zusätzlich notwendige Tierarztkosten, zum Beispiel durch einen Unfall oder eine Krankheit verursacht, schnell zu viel werden. Die oft langjährige Erfahrung gibt ihnen Recht: Immer wieder kommt es vor, dass sich Leute erst ein Tier holen und alles Mögliche versprechen und dann bei der ersten Impfung bereits den Tierschutzverein um Unterstützung bitten!

Schutzvertrag und Kontrolle

Jede Tiervermittlung muss vertraglich festgehalten werden. Je nach Vertragstext verpflichten Sie sich mit Ihrer Unterschrift dazu:

● den Hund gut zu versorgen, zu ernähren und zu pflegen,
● ihn im Krankheitsfall zum Tierarzt zu bringen,
● ihn weder im Zwinger noch an der Kette zu halten,
● ihn gut zu behandeln und nicht zu quälen.

Das sind alles eigentlich Selbstverständlichkeiten. Wesentlich ist noch, dass Sie den Hund nicht einfach weiterreichen dürfen, sondern ihn im Falle einer notwendigen Abgabe – selbst nach vielen Jahren – immer an den Tierschutzverein zurückgeben müssen, von dem Sie ihn bekommen haben. Wenn dem Hund etwas passiert, wenn er gestorben ist, müssen Sie dem Tierschutzverein Bescheid sagen; und auch, falls Sie einmal umziehen. Vielleicht will ja der Verein die vertragsgemäße Haltung später noch einmal kontrollieren.

Auch diese – unangemeldeten – Kontrollbesuche gestatten Sie mit Ihrer Unterschrift. Es geschieht zum Wohl des Tieres.

> **TIPP** **Falls der Tierschutzverein Ihrer Stadt seine Kontrollen nicht bewältigen kann, könnten Sie sich doch vielleicht als Kontrolleur anbieten. Es gibt viele Möglichkeiten, sich für die Tiere nützlich zu machen!**

Die Kontrolleure freuen sich, wenn es dem ehemaligen Tierheimbewohner endlich gut geht.

INFO **Wundern Sie sich nicht, wenn die Betreuer im Tierheim Ihre Kinder genau beobachten. Das Heimpersonal muss sich einen Eindruck verschaffen, wie sich die Kids Hunden gegenüber verhalten.**

Auch die Kinder müssen mit dem neuen vierbeinigen Familienmitglied einverstanden sein.

Wenn Sie Kinder haben

Seien Sie darauf gefasst, dass Kinder bei Haustieren nicht selten ganz andere Auswahlkriterien haben als ihre Eltern oder andere Erwachsene! Trotzdem sollten Sie sie am besten zum Aussuchen des neuen Familienmitgliedes mitnehmen. Denn, erstens, soll der neue Hund den Kindern gefallen, und, zweitens, was genauso wichtig ist: auch umgekehrt! Lassen Sie sie deshalb aufeinander zugehen und schauen Sie, wo sich spontane Sympathien zeigen.

Vor allem falls Sie noch kleine Kinder haben, sollten Sie den neuen Hausgenossen keinesfalls nach dem Aussehen aussuchen, sondern nach dem Charakter. Lassen Sie sich dabei von den Tierpflegern beraten. Die wissen in der Regel, ob ihre Tiere schon Kontakt zu Kindern hatten und ob die Erfahrungen positiv waren.

Manche Hunde sind regelrecht verrückt nach Kindern, sodass die Tierschützer sie gar nicht in einen kinderlosen Haushalt abgeben möchten. Andere sollten nur zu größeren Kindern – oder eben zu gar keinen.

Kleine Kinder – große Hunde

Vor allem bei besonders großen und starken Tieren sollten Eltern kein Risiko eingehen. Aber bedenken Sie auch, dass natürlich oft gerade diese Rassen und Mischungen – vor allem, wenn Hütehunde an ihnen beteiligt sind – die liebsten und kinderfreundlichsten sind. Denn die Natur hat es sinnvollerweise so eingerichtet, dass große Hunde auch eine entsprechend ausgeprägte Aggressionshemmschwelle haben.

Ein Spielkamerad für Ihren Ersthund

Wenn Sie einen Zweithund möchten, verfahren Sie wie bei den Kindern. Nehmen Sie Ihren Hund mit, damit er sich seinen Kumpel selbst aussuchen kann. So manches Herrchen oder Frauchen ist dabei allerdings schon über den Geschmack seines Vierbeiners entsetzt gewesen. Doch über Geschmack lässt sich bekanntlich streiten.

Die privaten Tierhilfen

Neben den großen und kleinen Tierheimen gibt es auch noch eine Reihe kleinerer Tierhilfen ohne eigenes Heim. Diese oft privaten Initiativen bringen ihre Tiere auf verschiedenen Pflegestellen unter, sodass sie bereits mit Familienanschluss in einer Wohnung leben. Ein weiterer Vorteil ist, dass die Tierschützer auf diese Weise ihre Schützlinge besser beobachten können und somit mehr über sie wissen.

Ein Nachteil der privaten Pflegestellen ist, dass sie in der Regel weniger Auswahl anbieten können und die Vermittlung mangels Publikumsverkehr oft ins Stocken gerät. Denn wenn Sie sich ein Tier aussuchen wollen, müssen Sie meist mehrere voneinander entfernte Pflegestellen abfahren.

Für diejenigen, denen vor einem klassischen Tierheimbesuch graut, bieten die privaten Tierhilfen aber natürlich eine hilfreiche Alternative.

> **TIPP** Gerade bei privaten Tierhilfen mit mehreren Pflegestellen ist es sinnvoll, vor einem Besuch, wenn möglich, im Internet nachzuschauen. Viele Vermittlungskandidaten sind dort beschrieben und meist auch abgebildet. So können Sie gezielter suchen und Zeit (auch die der Tierschützer!) und Fahrtkosten sparen.

Abgabespenden, Schutzverträge, Kontrollen

Bei all diesen Punkten gilt für die privaten Tierhilfen das Gleiche wie für die Tierheime. Allerdings müssen diese kleinen Vereine in der Regel ganz ohne kommunale Zuschüsse auskommen und sind daher um so mehr auf Ihre Spendenfreudigkeit angewiesen. Umso schöner ist es, wenn man gerade diese kleinen Organisationen durch die Übernahme eines Tieres unterstützen bzw. ein wenig entlasten kann.

Ein Hund direkt vom Vorbesitzer

Schön ist es, wenn ein Abgabetier erst gar nicht ins Tierheim muss, sondern gleich von seinem bisherigen Besitzer in die Hände des nächsten und hoffentlich letzten Halters kommt. Verantwortungsvolle Vorbesitzer geben wie die Tierschutzvereine ihren Vierbeiner ebenfalls nur mit Schutzvertrag ab und verschenken ihn auch nicht. Wer sein Tier aber verständlicherweise nicht wie eine Ware verkaufen möchte, kann ja den neuen Besitzer bitten, eine entsprechende Geldspende an den nächstgelegenen Tierschutzverein vorzunehmen und dafür eine Quittung vorzulegen.

»Bis dass der Tod uns scheidet«

Gerade ältere Menschen sollten rechtzeitig klären, wer (aus der Familie) ihren Hund einmal nach ihrem Tod oder bei Krankheit oder einem möglichen Umzug ins Alten- oder Pflegeheim übernehmen wird. Denn erfahrungsgemäß fühlen sich nicht alle Erben auch für einen hinterbliebenen Vierbeiner zuständig. Stattdessen reichen viele dieses ererbte »Problem«, ja selbst ältere und kaum noch vermittelbare Tiere, gern einfach an den Tierschutz weiter. In solchen Fällen sollte zumindest eine angemessene Spende das dortige Gnadenbrot finanzieren und nicht die Tierschützer. Auch das kann ein Tierfreund bereits testamentarisch festlegen.

Ein Tier aus dem Familien- oder Bekanntenkreis

Ohne Schutzvertrag und Obolus sollten Hunde nur im unmittelbaren Bekanntenkreis oder innerhalb der Verwandtschaft abgegeben werden, dort, wo man wirklich hundertprozentig sicher sein kann, dass das Tier in guter Obhut ist, oder man es im Idealfall sogar noch regelmäßig sieht.

Wenn Sie sich einen Hund anschaffen möchten und in Ihrer Familie oder bei Ihren Freunden einer abgegeben werden muss, so liegt es doch nahe, dieses Tier aus »zweiter Hand« zu übernehmen. Denn der Vorteil dabei ist: Der Hund kennt Sie schon und wird sich nicht ganz so im Stich gelassen fühlen.

Die Verantwortung der Verwandtschaft

Solch eine Weitervermittlung ist natürlich ideal – soweit der Begriff »ideal« überhaupt auf einen Besitzerwechsel für einen Hund zutreffen kann. Außerdem, so denke ich, sollten sich Freunde oder Verwandte von Menschen, die ihren Hund abgeben müssen, auch schlichtweg ein wenig mitverantwortlich für das Tier fühlen und alles versuchen, um eine »interne« Vermittlung hinzubekommen. Für echte Tierfreunde sollte es – ganz altmodisch ausgedrückt – eine Frage der Ehre sein, dass innerhalb ihrer Verwandtschaft oder Umgebung kein Familienmitglied, auch kein vierbeiniges, einem ungewissen Schicksal entgegensieht. Auch Berufstätigkeit oder eine kleine Wohnung sind nicht immer wirkliche Gründe, die solch ein edles Unterfangen unmöglich machen.

Vorsicht vor Hundehandel!

Als praktikable Möglichkeit, um an einen Hund aus »zweiter Hand« zu kommen, bietet sich auch eine Suche per Zeitungsinserat an. Passen Sie dabei jedoch auf, dass Sie nicht auf einen kommerziellen Tierhändler hereinfallen, der mit seinen Annoncen den Eindruck zu erwecken versucht, als Privatperson ein gutes Zuhause für seine Hunde zu suchen, die nur zu oft eine dubiose Herkunft haben.

Aber ebenso wenig sollten Sie laienhaften privaten Hundehandel unterstützen. Denn solange unsere Tierheime noch so voll sind, dürfen Leute, die (ständig) für Hundenachwuchs sorgen, in diesem Tun nicht auch noch bestätigt und unterstützt werden.

Das gilt auch für Halter, die gar nicht wegen des Geldes, sondern nur aus Dummheit oder Bequemlichkeit Hundenachwuchs zulassen. Auch das ist verantwortungslos. Nehmen Sie einen per Zeitung angebotenen Welpen bloß dann, wenn Sie das Gefühl haben, dass der Wurf wirklich nur aus Versehen passiert ist und die Hündin nicht wieder gedeckt wird.

> **ACHTUNG**
> **Die schlimmsten Hundehändler sind immer die, die gleichzeitig viele verschiedene Rassen anbieten.**

Ob Frauchen nun endlich in den Zeitungsinseraten einen Spielgefährten für mich sucht?

Für jeden der richtige Hund vom Tierschutz

Die Auswahl an Hunden ist in den Tierheimen groß. Auch Sie finden garantiert den richtigen neuen Freund. Lassen Sie sich Zeit beim Suchen und gehen Sie lieber ein zweites Mal hin.

Rassenhund mit Papieren oder gut gemixter Mischling – alle warten auf ein neues Zuhause und liebevolle Menschen.

Welpe oder erwachsener Hund?

Auch wenn Sie aus Sorge, ein Hund mit Vergangenheit hätte bereits einen Knacks und/oder ließe sich nicht mehr ausreichend prägen und erziehen, doch lieber einen Welpen haben möchten, lohnt sich ein Besuch im Tierheim. Denn (leider) werden auch ganze Würfe unerwünschter oder gar ausgesetzter und gefundener Welpen schon dort abgegeben oder – seltener – kommen sogar im Heim zur Welt.

Mischlingswelpen – für Überraschungen gut

Bei Fundtieren mit unbekannten Eltern kann es allerdings bezüglich des späteren Aussehens und vor allem der Größe des erwachsenen Hundes eine Überraschung geben. Und selbst wenn ein Elternteil bekannt ist, lassen sich weitere Entwicklung und Wachstum des Welpen nicht unbedingt berechnen, denn vielleicht hat sich seine Mutter ja mit einer Dogge oder einem Neufundländer gepaart. Die Pfoten des kleinen Bastards können ein dezenter Hinweis auf seine endgültige Größe sein. Wirken sie bereits im Babyalter unproportional groß, scheinen oben genannte Fallbeispiele durchaus realistisch.

Reinrassige Welpen – im Tierheim

Bereits als Welpen sind Hunde unterschiedlich groß, wie diese beiden »Babys« beweisen.

Auch Rassewelpen landen mitunter beim Tierschutz, doch natürlich längst nicht so zahlreich wie junge Mischlinge. Und wenn, dann haben meist die Erstbesitzer das Tier übereilt angeschafft – zum Beispiel ohne die gesamte Familie und vor allem etwaige Vermieter zu fragen. Oder es handelt sich um unwillkommene Geschenke. Deshalb reagieren auch Tierschützer so allergisch auf Tiere als Weihnachts- oder Geburtstagsüberraschung.

Mitunter werden Rassewelpen aber auch wegen einer unheilbaren Krankheit oder angeborenen Behinderung wie Blindheit, Taubheit, Herzfehler, Hinken oder Epilepsie abgegeben. Da viele Züchter oder Händler solche Welpen entweder einschläfern lassen oder sich weigern, sie zurückzunehmen, vertrauen die Besitzer sie lieber dem Tierschutz an.

Ein Welpe braucht viel Zuwendung

Falls Sie sich für einen Welpen, egal ob reinrassig oder gemischt, entscheiden, kommt einiges auf Sie zu: In den ersten Wochen können Sie ihn gar nicht ohne Aufsicht und in den ersten Monaten nur selten allein lassen. Denn so wie Menschenbabys sind auch Hundekinder neugierig und äußerst unternehmungslustig, haben nur Blödsinn im Kopf und machen in der Anfangszeit ziemlich viel kaputt. Und selbstverständlich haben sie noch nichts von Stubenreinheit gehört.

Welpen sind schrecklich süß und in einem idealen Alter, um noch geformt und erzogen zu werden. Und wenn Sie den Stress der Anfangszeit überstanden haben, besitzen Sie einen Hund, den Sie bestens kennen und einschätzen können. Das ist vor allem für Familien mit kleinen Kindern wichtig.

Aber seien Sie ehrlich: Haben Sie genügend Zeit, Nerven und Geduld für einen Welpen? Behalten Sie auch noch die Fassung, wenn er das Sofakissen zerfetzt, den Autogurt angeknabbert, die Zimmerpflanzen ausgegraben, den Berber bepinkelt und Ihr Frühstück vom Teller geklaut hat?

INFO Nach Aussagen von Tierschützern landen Welpen viel häufiger als erwachsene Tiere nach zunächst erfolgreicher Vermittlung wieder im Heim. Diese überdurchschnittliche Rücklaufquote zeigt, dass die Gefahr eines schlecht überlegten Spontanentschlusses bei niedlichen Babys einfach größer ist.

Wer sich für einen Welpen entscheidet, muss in den ersten Monaten viel Zeit investieren.

Wenn schon andere Tiere im Hause sind

Soll sich Ihr Hund mit einem anderen älteren Hund, mit Katzen oder mit anderen Haustieren vertragen, spricht das durchaus für die Wahl eines Welpen. Denn der ist jung genug, um sich der Situation anzupassen, und wird auch von den anderen Tieren eher akzeptiert.

Vorteile eines erwachsenen Hundes

An einen Welpen gewöhnt sich ein bereits vorhandener Hund meistens sehr schnell.

Mitunter kann es aber auch günstiger sein, ein älteres Tier aufzunehmen. Zum Beispiel wenn man weder Zeit noch Lust hat, den ganzen Tag zu spielen und zu toben und um Möbel, Teppiche und Klamotten fürchtet. Außerdem haben die Tierschützer einen erwachsenen Hund während der Zeit in ihrer Obhut schon etwas besser kennen gelernt und wissen um seine Gesundheit, seine Fähigkeiten und Vorlieben. Sie können Hinweise bezüglich seiner Kinder- und Katzenfreundlichkeit oder -feindlichkeit geben. Und vielleicht ist Ihr »Secondhand-Hund« sogar schon gut erzogen und stubenrein.

Rüde oder Hündin?

Egal ob Mischling oder Rassechampion – die Argumente, die für oder gegen ein bestimmtes Geschlecht sprechen, sind immer dieselben.

Verhaltensunterschiede

Ein Rüde ist in der Regel etwas draufgängerischer und wilder und entsprechend anstrengend. Er wird die Rudelrangordnung eher infrage stellen und muss vor allem in der Eingewöhnungsphase (oder direkt danach, wenn er sich sicher fühlt, frech wird und testen will, wie weit er gehen kann) immer einmal wieder gezeigt bekommen, dass er nicht der Herr im Hause ist (siehe dazu Kapitel »Rangordnung und Rudelverhalten« Seite 62 ff.).

Außerdem wird den Männchen nachgesagt, mehr als Weibchen zu streunen und beim Spaziergang weiter wegzulaufen. Mitunter findet man sie schmachtend und völlig durcheinander vor der Haustür einer läufigen Hündin in der Nachbarschaft oder gar im Nachbarort wieder.

Männliches »Macker«-Gehabe

Manche Rüden spielen gern den »Macker« und liefern sich mehr oder weniger harmlose Raufereien mit anderen Männchen. Meistens handelt es sich dabei jedoch bloß um lautstarke Schaukämpfe, die allerdings selbst hundeerfahrenen Zweibeinern noch Herzklopfen verursachen können.

Weibchen sind dagegen normalerweise anschmiegsamer, zärtlicher, häuslicher und leichter zu erziehen. Einem Hundehalter-Anfänger ist daher ein weibliches Tier zu empfehlen. Allerdings können Hündinnen auch giftiger reagieren als Rüden. Wenn sich zwei Weibchen richtig in der Wolle haben, geht es zwar meist leiser, aber dafür härter und ernsthafter zu als bei den (Schau-)Kämpfen der Männchen.

INFO
Hinweise auf Temperament und Charaktereigenschaften eines Hundes geben seine Rasse oder die verschiedenen an ihm beteiligten Rassen, aber vor allem seine Biografie, seine Prägung, Sozialisation und seine Erfahrungen.

WICHTIG
Hunde – und vor allem Mischlinge – lassen sich als lebendige Individuen nicht über einen Kamm scheren. Es gibt absolut friedfertige und leicht lenkbare Rüden sowie Weibchen, die keinem Streit aus dem Wege gehen und gern und oft ausbüxen.

TIPP Am besten lassen Sie Ihre Hündin kastrieren. Das kostet zwar einmal zwischen 350 und 500 DM (ca. 179 bis ca. 255 Euro), aber Sie und Ihr Tier haben danach ein Hundeleben lang Ruhe, und auch die Besitzer der Nachbarrüden werden es Ihnen danken.

Die Läufigkeit – ein Problem

Als Hauptnachteil einer Hündin empfinden die meisten Hundehalter ihre Läufigkeit. Zweimal im Jahr menstruiert sie für ca. 3 Wochen. Dann verliert sie Blut und muss zum Schutz von Teppich und Einrichtungsgegenständen in der Wohnung ein so genanntes Menstruationshöschen tragen, das Sie für ein paar Mark in der Zoohandlung kaufen können und das unproblematisch zu handhaben ist. Sie dürfen bloß nicht vergessen, es vor dem Gassigehen abzustreifen.

Lästig sind während der Hitze vor allem die liebeskranken Rüden aus der Umgebung. Manche Hündinnenhalter trauen sich in dieser »heißen Phase« kaum noch vor die Tür – aus Angst, der aufdringlichen Bewerber nicht Herr zu werden. Auf jeden Fall empfiehlt es sich, eine läufige Hündin während ihrer Hitze nicht von der Leine zu lassen.

Mit wem muss sich Ihr Hund vertragen?

Diese Frage sollte bei der Entscheidung, ob Hund oder Hündin, eine ganz zentrale Rolle spielen, denn Rüden verstehen sich oft nicht mit Rüden und Hündinnen nicht mit Hündinnen. Falls es also in Ihrer unmittelbaren Umgebung oder Ihrem persönlichen Umfeld schon einen Rüden gibt, der neben sich keinen Rivalen duldet und den Sie häufig treffen, sollten Sie um des lieben Friedens willen ein Weibchen nehmen und umgekehrt. Das gilt selbstverständlich erst recht bei der Anschaffung eines Zweithundes.

Wie immer: Ausnahmen bestätigen die Regel

Aber – wie so oft – gibt es natürlich auch Ausnahmen und etliche Rüden, die sich auch mit erwachsenen Geschlechtsgenossen vertragen. Ich selbst habe zwei Hündinnen, die sich erst im Erwachsenenalter kennen lernten und von Anfang an ganz wunderbar miteinander klarkamen. Und es gibt auch unter Hunden schlichtweg Sympathien und Antipathien.

Wenn Sie sich einen zweiten Hund von privat anschaffen wollen, lassen Sie die beiden miteinander spielen. Sie werden schnell feststellen, ob die Chemie zwischen ihnen stimmt. Auf jeden Fall sollten Sie auch bei einem Hund aus dem Tierheim diesen Test durchführen.

Rassehund oder Mischling?

Rassehunde werden mitunter vom Vorbesitzer sogar mit dazugehörigen Zuchtpapieren abgeliefert! Diese Papiere geben die Tierschützer bei der Vermittlung allerdings nur dann heraus, wenn dieser Hund bereits kastriert worden ist und nicht mehr zur Zucht missbraucht werden kann. Es gibt nämlich Züchter, die Strohmänner zum Beispiel mit Kindern in die Tierheime schicken, um den Eindruck zu erwecken, der Hund käme in eine Familie, die keine Zuchtambitionen hat.

INFO Verrasst bedeutet, dass ein Hund überwiegend einer bestimmten Rasse zuzuordnen ist oder es sich um einen Mischling handelt, bei dem eine Rasse dominiert.

»Es sollte doch wieder ein Pudel sein«

Falls Sie nicht aus Imagepflege, sondern aus Liebhaberei oder weil Sie mit ihr gute Erfahrungen gemacht haben, eine bestimmte Hunderasse bevorzugen, dann fragen Sie doch in den Tierheimen Ihrer (auch weiteren) Umgebung außer nach reinrassigen auch nach leicht verrassten Vertretern Ihrer Lieblingsrasse.

Reinrassig oder gemischt – Hauptsache der Hund gefällt und hat ein freundliches Wesen.

Wenn Sie etwas ganz Bestimmtes suchen

Wenn Ihr Wunsch nicht allzu exklusiv ist und Sie etwas Geduld aufbringen, verspricht eine Suche beim Tierschutz durchaus Erfolg. Und wenn Sie nicht gleich fündig werden, können Sie sich bei den meisten Vereinen auf eine Warteliste setzen lassen. In Großstadt-Tierheimen, in denen normalerweise eine entsprechend hohe Fluktuation herrscht, trifft dann möglicherweise von einem Tag auf den anderen Ihr Traumhund ein.

Pfiffige Tierschutzvereine tauschen – wenn sie nicht gerade verfeindet sind – untereinander die Angaben von Interessenten sowie auch die von infrage kommenden Hunden aus, sodass Sie vielleicht nicht alle Organisationen selbst abklappern müssen.

Surfen & Suchen im Internet

Unverständlicherweise existiert leider noch keine zentrale Internetkartei, in der alle landesweit zu vermittelnden Kandidaten auf einen Blick erfasst wären. Dabei wäre das eine echte und dringende Aufgabe für die landes- oder bundesweiten Dachverbände unserer Tierschutzvereine.

Aber viele, auch kleinere, Tierschutzvereine verfügen inzwischen über eine eigene Homepage im Internet, auf der sie – meist sogar mit Fotos – ihre aktuellen Vermittlungskandidaten vorstellen. Und da offenbar Tierfreunde und Hundehalter durchaus zahlreich Zugang zum Internet haben, finden erfreulicherweise inzwischen sehr viele Vierbeiner auf diese Weise ein neues Zuhause. Im Kommunikationsbereich hat der technische Fortschritt dem Tierschutz also gerade einen großen Dienst erwiesen. Und wenn es auch noch keine zentrale Suchdatei gibt, in der man einfach nur »jung, weiblich, Pudel« eingeben muss und sogleich erfährt, dass im Tierheim Soundso ein solcher Hund sitzt, so gibt es doch die so genannten Links, mit denen ein Verein auf den anderen hinweist oder auf die Tiervermittlungssendungen im Fernsehen und deren aktuelle Liste – und umgekehrt. Immer dem Link nach kann der Interessent so bequem durch die Tierschutz-Homepages surfen – auf der Suche nach seinem Traumhund. Für die Tierschutzvereine bedeutet die Pflege der Internet-Seiten einen erheblichen Mehraufwand. Vielleicht gibt es Internet-Fans unter den Mitgliedern, die diese Aufgabe übernehmen.

> **TIPP** Erkundigen Sie sich am besten zunächst telefonisch bei den Tierschutzvereinen nach dem aktuellen Bestand, damit Sie sich nicht vergeblich auf den Weg machen. Auch die genauen Öffnungszeiten sollten Sie erfragen und sich im Falle einer weiteren Anfahrt anmelden und verabreden.

»So einer, wie mein Strolchi war«

Auch etliche Hundeliebhaber, die um ein gerade verstorbenes Tier trauern, möchten oft, dass ihr neuer Hund dem alten so ähnlich wie möglich ist, und bleiben aus diesem Grunde einer Rasse treu. Aber auch trotz der gleichen Rasse ist jeder einzelne Hund anders, und der ständige Vergleich mit seinem geliebten Vorgänger kann mehr Schmerz auslösen als Trost spenden.

Kein Hund vermag einen anderen absolut zu ersetzen; das ist bei Tieren kaum anders als bei uns Menschen. Überlegen Sie sich also gut, ob denn der neue Hund dem alten wirklich so ähnlich sehen soll.

Große Rassen werden selten sehr alt

Bedenken Sie bitte bei Ihrer Wahl, dass verschiedene vor allem größere Rassen leider keine hohe Lebenserwartung haben. So werden beispielsweise Doggen und so genannte doggenartige Hunde, wozu unter anderen Boxer und Rottweiler zählen, durchschnittlich nur bis zu 8 Jahre alt. Ein zweistelliges Lebensalter erreichen diese Rassen nur äußerst selten.

Nehmen Sie lieber einen Mischling

Eine Menge guter Gründe sprechen für die Wahl eines Mischlings. Mischlinge sind einmalig; keiner sieht aus wie der andere. Oft sind sie so bildhübsch, dass sie es auf einer Schönheitskonkurrenz spielend mit jedem Rassekollegen aufnehmen könnten.

Manchmal wirken sie »unabsichtlich« ganz reinrassig, obwohl sie es ihrer Herkunft nach gar nicht sein können. Manche Mischlinge wiederum weisen erstaunliche Proportionen auf – na und? Hier ist eben alles Natur, und die treibt's bunt!

Apropos Natur: Wo sie das Geschehen lenkt, fällt das Ergebnis meistens besser aus, als wenn der Mensch seine Finger im Spiel hat. So sind Mischlinge in der Regel robuster, gesünder, charakterfester und intelligenter als manche reinrassige Artgenossen. Das wird Ihnen jeder Tierarzt bestätigen – wenn nicht gerade der Wohlstand seiner Praxis auf den ortsansässigen Züchter zurückzuführen ist.

TIPP Reinrassige, durchaus auch jüngere Tiere findet man noch immer häufig in Heimen in der Nähe amerikanischer Kasernen. Viele der hier stationiert gewesenen Soldaten haben sich nämlich einen kleinen Rassehund angeschafft, ihn aber später oft zurückgelassen, wenn sie wieder in die USA gingen.

SPECIAL

Spezielle Rassehunde-Tierschutzvereine

Erfreulicherweise ist eine Entwicklung zu beobachten, nach der sich auch immer mehr Anhänger einer bestimmten Hunderasse für ein Tier aus »zweiter Hand« entscheiden. Und, was noch erfreulicher ist, parallel zu diesem Trend, gründeten sich bundesweit verschiedene Tierschutzvereine, die sich speziell um eine (ihre Lieblings-?) Rasse oder Gruppe kümmern. Oft handelt es sich bei den aktiven Mitstreiterinnen und Mitstreitern sogar um ehemalige Züchter, die sozusagen die Fronten gewechselt haben.

Für die Tierschutzarbeit und -vermittlung hat dies viele Vorteile. Denn diese Tierschützer sind echte Experten, die die Besonderheiten »ihrer« Rasse ungewöhnlich gut kennen und entsprechend kompetent geeignete Plätze für ihre Schützlinge suchen können.

Besonders notwendig und hilfreich sind solche Organisationen vor allem bei Rassen mit speziellen Ansprüchen, wie Windhunden, Jagdhunden oder Nordischen (Polar-)Hunden. Oder bei Gruppen wie den so genannten Kampfhunderassen,

Ein Collie mit seinen guten Hüterhund-Eigenschaften ist meistens leicht zu vermitteln.

bei denen sowohl bei der Sozialisation als auch bei der Vermittlung extrem viel Know-how, Fingerspitzengefühl, Vorsicht und Verantwortung an den Tag gelegt werden müssen. Nach den entsetzlichen Vorkommnissen mit Kampfhunden hat ein Verein wie die „Bullterrier-Nothilfe" allerdings keine Chancen mehr, ihre wesensgetesteten gutmütigen Hunde zu vermitteln. Je nach Verordnungen oder Gesetzeslage ist dies in einzelnen Bundesländern inzwischen sogar verboten worden.

Zusätzlich zu ihrer normalen Alltagsarbeit sind vor allem die großen Tierschutzvereine mit ihren zum Teil überfüllten Heimen kaum dazu in der Lage, einzelnen Hunden, deren Erziehung sowie der Suche nach dem optimalen Zuhause für sie so viel Aufmerksamkeit zu widmen.

Wie arbeiten Rasse-Tierschutzvereine?

Die Rassehunde-Tierschutzvereine sind in der Regel besonders gut organisiert und arbeiten – mindestens – bundesweit, helfen aber oft auch in Nachbarländern oder sogar in Süd- und Osteuropa.

Den Löwenanteil ihrer Arbeit macht jedoch die Beschäftigung mit den Angehörigen »ihrer« Rasse aus, die in unseren Tierheimen sitzen, vor allem, wenn sie schon überdurchschnittlich lange auf ein neues Zuhause warten. Um erfolgreich helfen zu können, müssen die Rasse-Schutzvereine allerdings erst einmal wissen, wo welches Tier auf Vermittlung wartet. Deswegen sollten die Tierheim-Mitarbeiter solche Hunde melden, zumindest dann, wenn die Vermittlungschancen nicht allzu rosig aussehen, also ein

längerer Tierheimaufenthalt zu befürchten ist.

Dazu kommt, dass gerade Angehörige bestimmter Rassen im Tierheim ganz besonders leiden: Wind-, Lauf- und Jagdhunde zum Beispiel wegen ihres immensen Bewegungsbedürfnisses, Collies wegen ihrer Sensibilität.

Die Rassehunde-Schutzvereine, die übrigens meist den Zusatz »in Not« in ihrem Vereinsnamen führen, aktualisieren ständig ihre Listen mit Hunden, die gerade gesucht werden, und denen, die zur Vermittlung anstehen. Im Idealfall kreuzen sich die Interessen und die Tierschützer haben ein Erfolgserlebnis und einen Hund glücklich gemacht. Da allerdings immer die Warteliste der Tiere, die Menschen suchen, ungleich länger ist als die der Menschen, die Tiere suchen, sind solche Erfolgserlebnisse und Happy Ends leider viel zu selten und äußerst mühsam zu erreichen.

Tiere, die im Tierheim extrem leiden, werden natürlich, wenn möglich, sofort herausgeholt und vorübergehend bei privaten Pflegestellen des Vereins untergebracht.

Gleichzeitig versteht es sich natürlich von selbst, dass die Tierschützer bei allem Faible für eine bestimmte Rasse keinesfalls die Vierbeiner im Stich lassen, die nicht (ganz) reinrassig sind. Stattdessen kümmert sich die Polarhunde-Nothilfe natürlich auch um Husky-Mischlinge, »Collies in Not« auch um »überwiegende« Collies oder »Jagdhunde in Not« genauso auch um Hunde ohne Papiere. Reinrassigkeit und lange Stammbäume sind hier keine Bedingung, sondern höchstens eine Information.

Überzüchtung und Degeneration

Es gibt inzwischen genug Literatur und Medienberichte über überzüchtete Rassen und die dadurch hervorgerufenen meist unheilbaren Leiden der Hunde, so dass darauf hier im Einzelnen kaum noch eingegangen werden muss.

Durch den züchterischen Einfluss sind sogar regelrechte rassetypische Krankheiten oder Degenerationserscheinungen entstanden – zum Beispiel Dackellähme und die beim Schäferhund und anderen großen und schweren Hunden weit verbreitete Hüftgelenksdysplasie (HD). Veterinäre sprechen immer häufiger von so genannten Qualzüchtungen, wenn für einen optischen Schnickschnack körperliche Defizite wie permanent entzündete Augen, hängende Augenlider, Zahnprobleme, verkürzte Unter- oder Oberkiefer und vieles mehr von den Züchtern in Kauf genommen werden.

Natürlich können Sie auch einen Bastard erwischen, der häufig krank ist. Und leider treten bei großen und schweren Mischlingen aufgrund von Vererbungen immer häufiger Fälle von HD auf, aber die Gefahr ist geringer als bei Rassehunden.

INFO Zu den fragwürdigen Züchtungen gehören sicherlich auch die verschiedenen haarlosen Hunde, z.B. der Afrikanische, Peruanische und Mexikanische Nackthund oder Chinesischer Schopfhund (Chinese Crested Dog). Die Ursache für Haarlosigkeit ist ein Gendefekt, der für die Züchtungen der sogenannten Liebhaberrassen missbraucht wird.

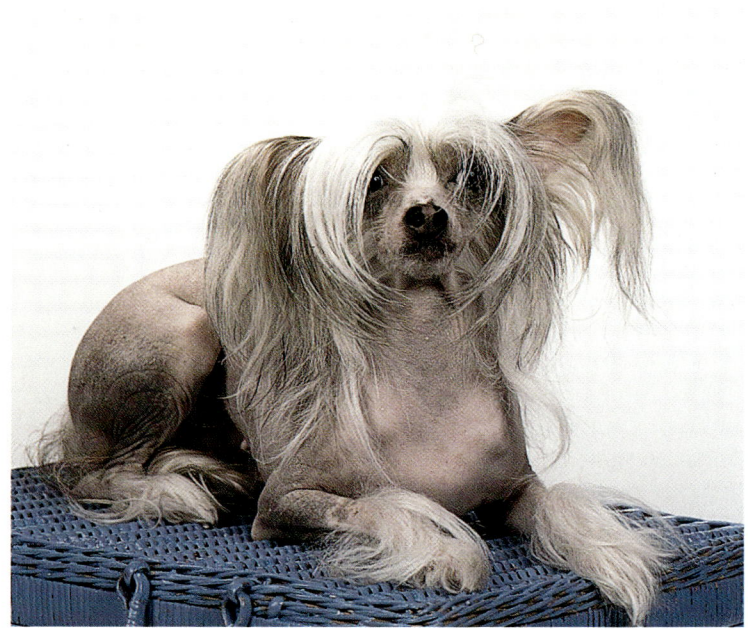

Im Winter friert der Chinesische Schopfhund, im Sommer braucht er einen Sonnenschutz.

Mischlinge können nicht überzüchtet sein

Genauso wenig wie ein professioneller Hundehändler vermag auch ein Tierschutzverein nicht für die beständige Gesundheit seiner Schützlinge die Pfote ins Feuer zu legen. Aber ein Mischling kann ja wohl kaum überzüchtet worden sein, sodass Krankheiten und Degenerationserscheinungen sowie unerwünschte Wesenszüge und Verhaltensweisen wie Angstbeißen, Aggressivität oder (Über-)Nervosität.

Wenn der Mensch sich einmischt

Zucht schaltet nicht nur die natürliche Selektion (Auslese) aus, nach der in der Natur der Stärkere überlebt. Eine auf bestimmte körperbauliche oder wesensmäßige Merkmale ausgerichtete züchterische Selektion verringert auch die genetischen Variationsmöglichkeiten einer »zufälligen« Vermehrung.

Negative Erbanlagen, die mit einem angestrebten körperbaulichen Zuchtziel (zum Beispiel Zwergwuchs) gekoppelt sind, werden so weitervererbt, statt sich – wie unter natürlichen Bedingungen sonst möglich und üblich – nach dem Zufallsprinzip sozusagen zu »verdünnen«.

Moderassen

Ganz schlimm ist es für eine Rasse, wenn sie in Mode gekommen ist, denn mit viel zu wenig Deckrüden wird dann – ungeachtet des dadurch stark eingeengten genetischen Potenzials – gezüchtet, was der Markt verlangt. Die Nachfrage nach einer Rasse steigt übrigens immer dann, wenn sie häufiger in der Werbung auftaucht. Jüngere Beispiele hierfür sind der West-Highland-White-Terrier, der Golden Retriever und der Dalmatiner.

Wer wird der Nächste sein?

So wie es aussieht, wird der neueste Modehund wohl der Border-Collie werden. Auch das ist eine gefährliche Entwicklung, deren fatale Folgen bereits abzusehen sind: Border-Collies sind nämlich Arbeitstiere im wahrsten Sinne des Wortes. Beschäftigung, und zwar auf hohem Niveau, Arbeit, die nicht nur körperlich, sondern auch geistig fordert, das ist das Lebenselixier dieses hoch intelligenten Hütehundes. Und das kann ihm kaum jemand bieten ...

> **WICHTIG**
> In den Tierheimen sitzen viele Hunde mit ererbten Defekten. Falls Sie sich für so ein armes Tier entscheiden, um ihm noch ein paar gute Jahre zu ermöglichen, sollten Sie Nachwuchs unbedingt vermeiden.

SPECIAL

Ein Wort zur Zucht

In vielen Hundebüchern wird erklärt, wie man sein Tier decken lässt, eine Wurfkiste ausstattet, der Hündin bei der Geburt beisteht und ihr danach bei der Aufzucht der Welpen hilft. In diesem Buch werden Sie nichts davon finden, sondern stattdessen eine – hoffentlich überzeugende – Antwort auf die folgende Frage:

Soll man Hunde züchten? Nein!

Wer sich an dieser Stelle immer noch ernsthaft solch eine Frage stellt, hat vom Tierschutz nichts begriffen.

Gern kann wieder gezüchtet werden, wenn unsere Tierheime leer sind. Doch solange gut 180 000 (!!!) Hunde jährlich allein in den alten Bundesländern der BRD ausgesetzt und weggeworfen werden, sollte sowohl auf erwünschten als auch auf unerwünschten Nachwuchs verzichtet werden. Es würde reichen, auf die Erhaltung der Rassenvielfalt zu achten, das heißt darauf, dass keine unserer Hunderassen ausstirbt.

Massenhaft Wegwerf-Tiere

Für Österreich und die Schweiz gibt es, was die jährlich ausgesetzten Hunde angeht, keine landesweiten Statistiken. Aber ein Zahlenbeispiel spricht hier Bände: In den 90er-Jahren musste allein der Wiener Tierschutzverein durchschnittlich 3000 Hunde pro Jahr aufnehmen.

Trotzdem wird weiter gezüchtet. Die Gesamtzahl der in Deutschland allein durch den Verband für das Deutsche Hundewesen (VDH) registrierten Welpen gibt der Verband für 1999 mit 97 883 Tieren an – und das bei nahezu 200 000 Hunden, die dringend ein neues Zuhause brauchen!

Mischlinge sind ausgeglichener

Wichtiger noch als die physische Robustheit sind vielen Hundefreunden die seelische Gesundheit und das ausgeglichene Wesen ihres vierbeinigen Lebensgefährten, die natürlich speziell bei einem Tier, das schon einiges hinter sich hat, stärkeren Belastungen ausgesetzt sind. Hier spricht ebenfalls alles für einen Mischling. Denn Überzüchtung und Massenproduktion haben sich bei etlichen Rassen auch auf den Charakter schlecht ausgewirkt. So neigen etwa ältere Langhaardackel und rote Cockerspaniels überdurchschnittlich oft zur Bissigkeit.

Wir brauchen keine Kampfhunde

Zu den tragischen Vorfällen mit Kampfhunden hatte es nicht kommen müssen. Die Tierschützer haben schon lange ein Zucht- und Einfuhrverbot sowie die Kastration von Staffordshire Terriern, Pitbulls und Bullterriern gefordert. Aber die nachweisbar friedlichen Exemplare dieser Rassen und Kreuzungen in unbescholtenen Händen, die sollten auch in Frieden – und artgemäß gehalten – »zu Ende leben« dürfen.

Wie dieser kleine Kerl warten in den Tierheimen fast 200 000 Hunde auf ein neues Zuhause.

Die Kosten sind ein wichtiger Faktor

Futter, Tierarzt, Hundesteuer,

Haftpflichtversicherung und so

manche kleine Extras – ein Hund

kostet eine ganze Menge Geld.

Doch der treue Freund sollte es

Ihnen wert sein.

Er braucht nicht viel, um zufrieden zu sein:
nette Menschen, gute Verpflegung, lange
Spaziergänge und ein kuscheliges Plätzchen.

Das Finanzielle allgemein

Wie bereits erwähnt, ist zwar die Spende, die für einen Tierheimvierbeiner zu geben ist, gering, doch die späteren laufenden Kosten unterscheiden sich in keiner Weise von denen, die bei einem »wertvollen« Rassehund anfallen. Und auch ehemalige Straßenköter brauchen täglich ihr Futter und müssen genauso versteuert, versichert, regelmäßig geimpft und im Krankheitsfall behandelt werden wie edle Ausstellungschampions!

Die Steuer

Die Steuermarke gibt es jedes Jahr neu. Der Hund muss sie immer am Halsband tragen.

Die Hundesteuer ist in Deutschland, in Österreich und in der Schweiz Pflicht, allerdings ist sie – wie die Gemeinden immer wieder betonen – keineswegs zweckgebunden, das heißt, das eingenommene Geld wird weder zur Beseitigung der ärgerlichen Hinterlassenschaften noch für andere Hunde oder für das städtische Tierheim ausgegeben.

Unterschiedliche Tarife

Es gibt keine einheitliche Hundesteuer, die Höhe wird von den Kommunen festgelegt. In Großstädten ist sie deutlich höher als in ländlichen Gebieten. Melden Sie Ihren Hund an. Von der Verwaltung bekommen Sie dann den Hundesteuerbescheid und die für Ihren Wohnort gültige Hundeverordnung. Wenn Sie verschiedene Wohnsitze für die Anmeldung zur Auswahl haben sollten, lohnt sich ein Vergleich der jeweiligen Summen.

Aus der nachstehenden Übersicht können Sie die Spannweite in der Festsetzung der Beträge in Deutschland, in Österreich und in der Schweiz ablesen.

Übersicht: Hundesteuer		
in Deutschland	in Österreich	in der Schweiz
1. Hund 40–210 DM	70–600 öS	20–150 sfr
Zweithund Steuer erheblich höher, oft das Doppelte		
Dritthund etc. Steuer noch höher		

INFO In jüngster Zeit kam von tierschützerischer Seite der Vorschlag, Hunde, die aus einem Tierheim stammen, von der Hundesteuer gänzlich zu befreien. Das böte einen weiteren Anreiz für die Aufnahme eines herrenlosen Schützlings und würde die Tierschutzvereine entlasten.

Übrigens ist in allen drei Ländern die Hundesteuer sowohl im Allgemeinen als auch, was die einzelnen Tarife angeht, umstritten.

Steuer für mehrere Hunde

Ein Zweithund kostet sowohl in Österreich als auch in Deutschland und in der Schweiz erheblich mehr als der erste, häufig sogar das Doppelte. Der Tarif für einen dritten beziehungsweise jeden weiteren Hund ist dann noch höher.

Kommerzielle Züchter und Versuchslabortierhändler erhalten allerdings starke Vergünstigungen oder gar Steuerbefreiungen – ein Zustand, der in Anbetracht der Tatsache, dass die Hundesteuer nach Auskunft vieler Gemeinden nicht zuletzt zur Eindämmung der Hundepopulation genutzt werden soll, grotesk ist: Denn so werden nun die Hundeproduzenten als Verursacher der Hundeschwemme bevorteilt! Kein Wunder, dass die Hundesteuer allgemein verstärkt ins Zentrum der Kritik rückt. Denn immer weniger Hundehalter sehen ein, zahlen zu müssen, ohne auch nur den Hauch einer Gegenleistung dafür in Anspruch nehmen zu können. So haben sich inzwischen verschiedene Anti-Hundesteuer-Initiativen gegründet, eine spannende Entwicklung …

Die Haftpflichtversicherung

Auf die Haftpflichtversicherung sollten Sie auf keinen Fall verzichten. Im Gegensatz zur Steuer ist die Hunde-Haftpflicht-Versicherung zwar nicht gesetzlich vorgeschrieben, aber ausgesprochen sinnvoll. Auch bei einem bestens erzogenen Hund kann einmal etwas passieren.

Abgesehen von kleineren Delikten wie zerbissenen, zerrissenen oder zerkratzten Gegenständen kann Ihr Tier beispielsweise einen Verkehrsunfall verursachen. Und im schlimmsten Fall löst sogar bereits ein kleines Fehlverhalten oder eine Unachtsamkeit eine kostspielige Kettenreaktion aus. Erfahrungsgemäß sollte sich bei einer solchen Versicherung die garantierte Schadensdeckungssumme mindestens zwischen 1 und 2 Millionen DM (ca. 500 000 bis 1 Million €) bewegen, denn die können rasch erreicht sein.

Hunde ohne Leine sind im Straßenverkehr eine Gefahr für andere und gefährden sich selbst.

Eine solche Haftpflichtversicherung kostet zwischen 90 und 200 DM (ca. 46 bis 102 €) pro Jahr. Es lohnt sich, Angebote zu vergleichen und/oder sich bei der Stiftung Warentest oder einer Verbraucherzentrale zu informieren.

Die Impfungen

Erwachsene Hunde sollten jährlich gegen Tollwut, Leptospirose, Staupe, Hepatitis c.c. (= Infektiöse Leberentzündung) und Parvovirose geimpft werden. Das ist die bewährte und praktische Fünffachimpfung.

    Während es sich dabei um Auffrischungsimpfungen handelt, ist bei einem Welpen oder bei einem bisher nie geimpften älteren Findling auch noch die Grundimmunisierung notwendig, die ca. 150 DM (ca. 76 €) kostet, weil dafür zweimal gespritzt werden muss.

> **WICHTIG**
> Wer die Ausgaben für Impfungen scheut, sollte die Anschaffung eines Haustieres gar nicht erst in Erwägung ziehen!

> Kosten für die Impfungen pro Jahr:
> - Fünffachimpfung (LTPSH): mindestens 90 DM (ca. 46 €)
> - Einfachimpfung: 30 DM (ca. 15 €)
> - Zweifachimpfung: 35 bis 40 DM (ca.18 bis ca. 20 €)
> - Dreifachimpfung: 60 DM (ca. 30 €)

Krankheit und Alter

Neben diesen laufenden Unkosten, zu denen übrigens unter Umständen noch ab und zu ein paar Mark für eine Wurmkur dazukommen, müssen Sie auch mit unplanmäßigen Tierarztkosten im Krankheits- oder Unglücksfall rechnen, die bei einem ursprünglich gesunden Tier natürlich kaum prognostizierbar sind. Auch bei Hunden entwickeln sich gelegentlich chronische Leiden wie z. B. Diabetes oder Epilepsie, die dann für den Rest ihres Lebens mit Medikamenten behandelt werden müssen.

    Ältere Hunde brauchen manchmal regelmäßig Medikamente, zum Beispiel Herztabletten, Vitaminpräparate, Aufbauspritzen etc; da geht es alten Hunden nicht viel anders als alten Menschen.

Die Krankenversicherung

Seit einigen Jahren gibt es übrigens auch Krankenversicherungen für Tiere. Allerdings kann man nicht behaupten, dass sie sich so richtig durchgesetzt hätten. Von entscheidendem Nachteil ist zum Beispiel, dass die Tier-Krankenkasse jederzeit kündigen kann und dies bei einem langfristig kranken Tier wohl auch tut. Seien Sie kritisch!

Wenn plötzlich das Geld fehlt

Sollten Sie in eine finanzielle Notsituation geraten, in der Sie nicht mehr in der Lage sind, die für die Gesundheit oder gar für lebensrettende Maßnahmen notwendigen Kosten aufzubringen, wenden Sie sich an den örtlichen Tierschutzverein. Aber bitte nutzen Sie dessen Hilfsbereitschaft auf keinen Fall aus, denn natürlich braucht jede Tierschutzorganisation eher noch Geld, als dass sie welches zu verschenken hätte! Und der Betrag, der zur Behandlung Ihres Vierbeiners aufgewendet wird, fehlt dann natürlich woanders.

Es darf nicht am Geld scheitern

Doch aus Sicht des Tierschutzes darf keinem Tier aus finanziellen Gründen Hilfe verweigert werden. Und bevor das Tierheim einen Hund wegen dessen Krankheit aufnehmen und durchfüttern wird und dann ja erst recht für die Behandlungskosten aufkommen muss, wird es lieber so helfen, dass der Hund und sein Mensch zusammenbleiben können. Tun Sie also auf keinen Fall etwas Unüberlegtes, wie das Tier deshalb abzugeben oder gar einzuschläfern, geschweige denn es auszusetzen.

Außerdem können Sie Ihren Tierarzt um die Gewährung von Ratenzahlung bitten. Vor allem bei höheren Beträgen, oder, was ja oft vorkommt, bei plötzlich notwendigen größeren Operationen, beispielsweise nach einem Unfall, ist die Bitte, die Rechnung »abstottern« zu dürfen, sicher weder ungewöhnlich noch ungehörig. Auch wenn ein Tierschutzverein die Rechnung bezahlt, sollten Sie versuchen, das Geld in Raten zurückzuzahlen.

Kostengünstige Behandlung in Universitätskliniken

Bei etlichen Behandlungen oder Operationen lohnt es sich, eine nichtprivate Tierklinik aufzusuchen, wie sie beispielsweise dem veterinärmedizinischen Fachbereich einer Universität angeschlossen sein kann (Gießen, Hannover, Nürnberg). Da diese staatlich subventionierten Institute keinen Gewinn machen dürfen, sind ihre Pauschalsätze im Allgemeinen niedriger als die eines niedergelassenen Tierarztes – ohne dass Sie eine geringere Qualifikation der Ärzte befürchten müssten. Und in Härtefällen stimmen veterinärmedizinische Uni-Kliniken eher einer Ratenzahlung zu als kleinere Arztpraxen.

TIPP In tierärztlichen Universitätskliniken sind die Ärzte auf dem neuesten Stand der Tiermedizin. Bei sehr schwierigen operativen Eingriffen ist eine Anfrage bei diesen Experten über Behandlungsmethoden sicherlich empfehlenswert.

Mögliche Kostenübernahme durch den Verein

Falls Sie vom Tierschutz einen Hund übernehmen, bei dem von vornherein bekannt ist, dass noch weitere oder gar lebenslange Behandlungskosten anfallen werden, bieten die Tierschützer oft entweder eine Kostenbeteiligung oder sogar die Übernahme der gesamten Tierarztrechnungen an – je nach Finanzkraft des Tierschutzvereins oder der der zukünftigen Besitzer.

Die Tierschützer spielen mit offenen Karten

Bei Tierschützern brauchen Sie in der Regel weniger Sorge zu haben, dass man Ihnen ein etwaiges gesundheitliches Problem des Vermittlungskandidaten verschweigt, als beim Züchter oder gar Händler. Voraussetzung ist natürlich, die Tierheim-Mitarbeiter sind selbst über eine Krankheit oder Behinderung informiert.

Denn, um alten Vorurteilen entgegenzutreten: Dass ein Hund ein Leben lang bestimmte Medikamente oder besonderes Diätfutter braucht oder dass eine einmalige Operation zum Beispiel wegen der Hüftgelenksdysplasie nötig wird, kann Ihnen auch bei einem teuren Rassehund vom Züchter passieren – nur in so einem Fall kann es Ihnen passieren, dass es Ihnen vorher nicht mitgeteilt wird.

Seriöse Tierschützer dagegen werden Ihnen, wenn sie das betroffene Tier gut kennen, bezüglich des Gesundheitszustandes und auch der Charaktereigenschaften immer reinen Wein einschenken – ganz einfach schon um dem Tier eine eventuelle Rückgabe zu ersparen.

TIPP Um für unvorhersehbare Tierarztkosten gerüstet zu sein, kann man sich auch ein Sparschwein zulegen. Stecken Sie zum Beispiel jedes 5-Mark-Stück hinein, das sie abends in Ihrer Geldbörse finden. Da kommt ein ganz schönes Sümmchen zusammen.

Mitunter helfen Paten

Gelegentlich möchten Tierfreunde, die aus irgendeinem Grund weder einen Hund noch eine Katze halten dürfen, wenigstens dabei helfen, ein Tier zu retten und zu versorgen. Oft sind das auch ältere Menschen, die wegen Ihres Alters keinen Hund mehr haben möchten. Sie übernehmen dann manchmal die einmaligen Kosten für eine teure Operation, für die jährlichen Impfungen oder beteiligen sich an permanenten Tierarztkosten. Diese Paten bezahlen dann zum Beispiel 50 Mark im Monat oder begleichen die Arztrechnung für eine Behandlung direkt. Natürlich können auch mehrere Paten für ein Tier zuständig sein.

TIPP Dinge wie Körbchen oder teure Lederleinen können Sie wunderbar auch auf dem Flohmarkt oder per Zeitungsinserat gebraucht kaufen. Allerdings sollten Sie so erstandene Utensilien vor Gebrauch gründlich reinigen oder sogar desinfizieren.

Der Erwerb vieler Accessoires erfreut den Zoofachhandel mehr als Ihren Vierbeiner.

Die Grundausstattung

Bevor Ihr vierbeiniger Neuzugang einzieht, sollten Sie die auf S. 57 aufgeführten Utensilien angeschafft haben.

Es gibt allerhand teuren Schnickschnack für Hunde, von dem nicht die Tiere profitieren, sondern einzig und allein der Zoohandel. Für Ihren Hund sind Zeit und Liebe die wichtigsten Investitionen. Sparen Sie lieber an luxuriösen Accessoires als an Futter und Tierarzt. Und statt eines teuren Fressnapfs aus dem Zoogeschäft tut es auch eine bereits gebrauchte Schüssel, die Sie entbehren können, oder Sie kaufen ein preisgünstiges Set neuer Plastik- oder Edelstahlschüsseln in einer Haushaltswarenabteilung.

Spielsachen für Ihren Hund können Sie selber »erfinden«. Machen Sie in ein altes Handtuch viele dicke Knoten. Ihr Hund wird sich dieses »Ding« mit Begeisterung um die Ohren hauen. Auch Kartons (ohne Metallklammern) lassen sich herrlich zerfetzen. Mit alten Latschen sollte man vorsichtig sein. Vielleicht denkt er »Schuh ist Schuh« und erwischt dann irgendwann Ihre besten Pumps.

Das Finanzielle im Überblick

Gehen wir optimistischerweise von einem langen Hundeleben aus und davon, dass das Tier bei der Vermittlung bereits so zwischen 2 und 5 Jahre alt war, bleiben vielleicht noch 10 Jahre gemeinsamen Lebens, die den Halter dann – nach oben angeführten grob geschätzten Angaben – ungefähr 11 500 DM (ca. 5 880 €) kosten.

   Rechnet man nun noch eine unvorhergesehene Krankheit, einen Unfall oder die mitunter sinnvolle Kastration dazu, kommt man auf ca. 12 000 DM (ca. 6 000 €), also 1 200 DM (ca. 600 €) jährlich beziehungsweise 100 DM (ca. 50 €) pro Monat – und das ohne weitere mögliche Tierarzt- oder Arzneimittelrechnungen und ohne durch eine Urlaubsreise zusätzlich entstehende Unterbringungs- oder Reisekosten.

> **CHECKLISTE**
> **Grundausstattung**
> - Halsband
> - Leine
> - Fressnapf
> - Trinknapf
> - Fellbürste
> - Zeckenzange
> - Shampoo
> - Flohpuder
> - Körbchen
> - Spielzeug
> - Alte Decke

Übersicht: Finanzielle Aufwendungen			
	einmalig	pro Jahr	pro Monat
Tierschutzgebühr	250 DM		
Grunsausstattung	200 DM		
evtl. Grundimmunisierung	150 DM		
Hundesteuer		150 DM	
Haftpflichtversicherung		120 DM	
Impfungen (mindestens)		90 DM	
Wurmkur (evtl.)		10 DM	
Futter (Schäferhundgröße)			60 DM

Leine und Halsband müssen aus strapazierfähigem Material sein.

Ein neuer Freund kommt ins Haus

Wählen Sie einen ruhigen

Zeitpunkt, um ein Tier aus dem

Heim zu holen. Familienfeiern,

Besuche und hektischer Trubel

sind für die ersten Tage im

neuen Heim ungeeignet.

Außer vielleicht einem gefüllten Futternapf gibt es für einen Hund nicht Schöneres, als möglichst die ganze Familie um sich zu haben.

Das neue Familienmitglied

Am besten nehmen Sie sich Urlaub, wenn der Vierbeiner einzieht. Zeigen Sie ihm einfühlsam seine neue Umgebung und führen Sie ihn bei den ersten Spaziergängen sicherheitshalber stets an der Leine.

Falls der Hund unsicher oder verängstigt wirkt, reden Sie beruhigend auf ihn ein, lassen ihn so gut wie nicht allein und bitten auch die anderen Familienmitglieder um Rücksicht. Kinder vor allem müssen sich noch ein wenig gedulden und dürfen auf ihren neuen Freund nicht gleich einstürmen.

Sensibilität für den Neuen

Oft sind die Neuankömmlinge noch schreckhaft; sie können ja auch nicht wissen, dass ihre Odyssee nun zu Ende ist und ihnen von jetzt an nichts Schlimmes mehr passieren wird. Bewegen Sie sich daher nicht hektisch, denn Fuchteln und wildes Gestikulieren können Missverständnisse und Schrecken auslösen. Manche Hunde haben Angst vor Besen und anderen großen Gegenständen. Man kann sich ja denken, warum. Andere erschrecken zu Tode, wenn man ihnen ein Stöckchen werfen will, weil früher mit Steinen nach ihnen geworfen wurde. Das ist vor allem bei Hunden aus Südeuropa oft so. Manche türmen sogar schon, wenn man sich nur nach etwas auf dem Boden bückt.

Unterschiedliche Naturen

So mancher Hund vermag gar nicht zu fassen, dass das Futter, das Sie ihm hinstellen, auch wirklich für ihn bestimmt ist und nicht geteilt oder verteidigt werden muss. Ein solches Tier kann beruhigter fressen, wenn man es dazu diskret allein lässt.

Es gibt natürlich auch ungestüme Hundenaturen, die, obwohl sie noch nie ein Dach überm Kopf hatten oder lange im Tierasyl saßen, so stürmisch von ihrem neuen Zuhause Besitz ergreifen, dass rasch der Eindruck entsteht, sie hätten nie woanders gelebt! Orientieren Sie sich in der Anfangszeit einfach an Temperament und Sensibilität des Neulings.

Ess- und Schlafplatz

Essen und Schlafen sind neben Spaziergehen die wichtigsten Dinge in einem Hundeleben. Ein fester Ess- sowie Schlafplatz hilft daher dem Neuling, sich heimisch zu fühlen. Ob Sie ihm eine eigene Decke, einen Teppich, ein Körbchen oder ein Designer-Hundebett spendieren ist dabei natürlich egal. Wichtig ist nur, dass der Hund weiß, wo sein Platz ist, und diesen auch annimmt, das heißt, dass er sich dort wohl und geborgen fühlt.

Neben den Fressnapf gehört unbedingt auch eine Schale frisches Wasser. Beides würde ich nicht gerade auf den wertvollsten Teppich stellen, denn die Vierbeiner achten beim Essen wenig auf Reinlichkeit und manche setzen beim Trinken regelmäßig ihre gesamte Umgebung unter Wasser.

Schlafen

Unsere Hunde können beneidenswert gut und oft und lange schlafen! Viele Tierfreunde und Hundekenner meinen, ein Hund sollte bei seinem Rudel – also mit in Ihrem Schlafzimmer – schlafen können. Sicher, in der freien Natur ruhen Wölfe, Dingos oder Afrikanische Wildhunde schon aus Sicherheitsgründen in enger Gemeinschaft. Aber es ist nicht jedermanns Sache, den Schlafbereich mit einem mitunter schnarchenden oder laut träumenden Hund zu teilen.

Vielleicht macht es Ihrem Hund ja gar nichts aus, woanders zu nächtigen, etwa im Flur vor der Schlafzimmertür – oder auch im Kinderzimmer, was übrigens auf ängstliche oder nervös schlafende Kinder so beruhigend wirken kann, dass die erleichterten Eltern etwaige Hygienebedenken gern ad acta legen.

Nur eines sollten Sie bitte nicht tun: den Hund zum Schlafen aus dem Haus verbannen! Ein Hund ist nun einmal ein Rudeltier und möchte weder den ganzen Tag noch die ganze Nacht allein sein.

Und wenn er Sie und Ihr Haus bewachen soll, dann tut er das im Haus genauso gut (oder ebenso schlecht) wie in einem Zwinger.

Bleib ich jetzt hier liegen oder sollte ich doch den Sprung ins Bett wagen?

Rangordnung und Rudelverhalten

Ein Hund braucht ausgeprägte Hierarchien, bestimmte Regeln und Verhaltensstrukturen. Das ist einfach so, auch wenn es – besonders die demokratisch gesinnten und wenig autoritär denkenden – Menschen mitunter befremdet. Aber wir dürfen nicht den Fehler machen, die Menschengesellschaft einfach auf unsere Tiere zu übertragen.

Genauso fatal ist es jedoch, wenn Hundehalter viel zu wenig über die Rangordnung ihres Tieres wissen, was leider sehr oft der Fall ist.

Das Austesten der Rangordnung

Lassen Sie Ihren Hund so oft wie möglich mit Artgenossen balgen, spielen und toben.

Das wird ein selbstbewusster Hund, vor allem ein Rüde, gleich nach seinem Einzug tun, das heißt, er wird sich bei zunächst spielerischen Raufereien ein wenig grober und wilder gebärden als nötig und sich nicht damit abfinden, wenn Sie die Balgerei als beendet ansehen.

Balgereien und Raufereien

Will Ihr Hund auf einmal die Rangordnung infrage stellt, müssen Sie den Rabauken konsequent in seine Schranken weisen, denn genau die will der Hund auch kennen lernen.

Solche Rudelkämpfchen sind für uns Menschen nicht nur ungewohnt und lästig, sie können auch – vor allem bei größeren Hunden – ganz schön anstrengend sein. Denn Sie müssen bei der Balgerei gewinnen, indem Sie den Hund auf den Rücken drücken und ihn dann zwingen, so einen Moment zu verharren. Falls er aufstehen will, drücken Sie ihn hinunter und zeigen ihm so, dass er der Unterlegene ist.

Das Ganze hört sich jetzt vielleicht dramatischer und brutaler an, als es ist. Erstens haben nicht alle Hunde den Drang nach solchen Auseinandersetzungen und zweitens bleibt bei psychisch gesunden der spielerische Rahmen gewahrt; nur ein verhaltensgestörtes Tier würde ernsthaft zubeißen.

Je besser der Hund Sie (und Ihre Konsequenz) kennt, desto größer werden die Abstände zwischen den Herausforderungen, bis diese schließlich ganz aufhören.

> **WICHTIG**
> Pflichtbewusst verteidigen Hunde oft sogar Familienmitglieder, die sie eigentlich nicht ausstehen können, zum Beispiel die Katze, nur weil sie – dummerweise – zum eigenen Rudel gehört!

Das Rudelverhalten

Bei manchen Hunden ist die Beziehung zu dem Familienmitglied, das sie als Rudelführer anerkennen, besonders innig und sie gehorchen auch nur ihm. Falls das unerwünscht ist, müssen sich die anderen Familienmitglieder entsprechend um das Tier bemühen, viel Zeit mit ihm verbringen, es mit versorgen und erziehen.

Vergessen Sie dabei aber nie, dass Hunde mit Vergangenheit schon ein Zuhause gehabt und wieder verloren haben und nach dieser vielleicht schrecklichen Enttäuschung entsprechend zögerlich neue Bindungen eingehen, zu denen sie aber trotzdem sehr wohl fähig sind.

Zum Rudelverhalten des Hundes gehört auch die Unterscheidung zwischen Rudelmitgliedern und Nichtmitgliedern. Manche Vierbeiner sind da sehr pingelig und wer nicht unmittelbar zum engsten Familienkreis zählt, dem begegnen sie mit anhaltendem Misstrauen und mit Zurückhaltung. Andere hingegen interpretieren die Rudelzugehörigkeit großzügig und möchten am liebsten keinen Besucher mehr weglassen.

Hund und Kind

TIPP Solange das Neugeborene noch mit Frauchen in der Klinik ist, sollte Herrchen ab und zu ein paar gebrauchte Windeln mit nach Hause bringen, damit der Hund sich schon einmal an den Geruch gewöhnen kann. Das Baby wird ihm dann bereits etwas vertraut erscheinen.

Viele Hunde passen mit großer Begeisterung auf Kinder auf und gestatten ihnen beim gemeinsamen Spaziergang kaum einen Schritt vom Weg ab. Und wenn ein Kind trödelt und den Abstand zu den Erwachsenen immer größer werden lässt, achtet der verantwortungsvolle Hund natürlich darauf, selbst das Schlusslicht zu bilden. Andere spielen stundenlang mit den Kindern und übernehmen dabei mitunter sogar richtige Rollen, zum Beispiel die des Wolfs in »Rotkäppchen«!

Was gibt es also Schöneres für ein Kind, als mit einem Hund aufwachsen zu dürfen? Doch damit das Zusammenleben harmonisch wird, müssen die Eltern – je nach Situation – verschiedene Dinge beachten.

Der Hund war zuerst da

Wenn Sie einen herrenlosen Hund aufnehmen wollen und ahnen, dass Sie irgendwann einmal ein Kind haben möchten, suchen Sie sich bitte von vornherein nicht das unberechenbarste Problemtier aus. Manche Hunde sind einfach nicht kinderlieb (in der Regel, weil sie schlechte Erfahrungen gemacht haben), manche sind sogar deswegen ins Tierheim gewandert; dann ist ihre Aversion bekannt. Sprechen Sie also mit den Tierschützern über Ihre Familienplanung, auch wenn sie noch in weiterer Ferne liegt. Ein Hund kann ein Alter von 16 oder mehr Jahren erreichen und sollte nicht abgegeben werden, weil ein Baby kommt.

Eifersucht vermeiden

Kündigt sich nun Nachwuchs an, so wird es für Ihren Vierbeiner eine ähnliche Umstellung wie für ein erstgeborenes Kind, denn bisher hat er sich größter und ungeteilter Aufmerksamkeit und Zuwendung erfreut. Damit das Tier nicht mit – ja auch irgendwie berechtigter – Eifersucht reagiert, dürfen Sie es nun keinesfalls einfach beiseite schieben.

Die letzten Schwangerschaftswochen, in denen sie ja sowieso nicht mehr arbeiten gehen darf, kann die werdende Mutter zur intensiven Beschäftigung mit dem Hund nutzen. Ausgiebige Spaziergänge tun auch dem Baby im Bauch gut.

Ungebetene Ratschläge

Nun kann es allerdings, auch wenn Sie den kinderliebsten, wesensstärksten und hygienisch unbedenklichsten Hund der Welt haben, passieren, dass einige »wohlmeinende« Verwandte oder Bekannte, ja sogar schlecht informierte Ärzte, denen nichts Besseres einfällt, Ihnen unaufhörlich raten, den langjährigen Hausgenossen nun »dem Kind zuliebe« abzugeben! Wenn Sie dieses unreflektierte Geschwätz nervt oder verunsichert, behalten Sie den Hund, wechseln Sie den Gynäkologen und laden Sie die meckernde Sippschaft frühestens zum zehnten Kindergeburtstag wieder ein!

Die erste Begegnung

Wenn das Baby nach Hause kommt, können Sie ihm sofort einen festen Platz im Herzen Ihres Vierbeiners sichern: Legen Sie ihm das hilflose Bündel auf den Boden, damit er es beschnuppern und annehmen kann. Das geht natürlich nur, wenn Sie absolut sicher sind, dass er dem Winzling nichts tun wird! Wenn Ihr Hund das kleine Wesen als neues Rudelmitglied anerkennt, wird er es von nun an streng bewachen. Dieses Engagement kann mitunter übertrieben und etwas lästig sein – etwa wenn auch Freunde und Verwandte dem Kind nicht zu nahe kommen dürfen.

Hygienische Bedenken

Natürlich müssen Sie auch damit rechnen, dass Ihr Vierbeiner vielleicht einmal leckt. Falls Sie hygienische Vorbehalte haben, bedenken Sie, dass das Kind im Mutterleib schon Kontakt mit den Bazillen und Bakterien des Tieres hatte und dass es dadurch bereits mit diesbezüglichen Abwehrkräften auf die Welt gekommen ist.

Nicht nur Schäferhunde hüten und bewachen gerne ein ganz kleines Rudelmitglied.

Kinder dürfen Hunde nicht ärgern

Es ist nie »normal«, dass Kinder Tieren Schmerzen zufügen. Mitunter stecken aber konkrete Ursachen dahinter wie zum Beispiel Eifersucht. Dann piesacken Kinder den Hund, wenn es möglichst keiner sieht, und behaupten notfalls, er habe sie gebissen.

ACHTUNG
Machen Sie nicht den Fehler, grobe Behandlung oder gar Leid, das Kinder Tieren zufügen, zu ignorieren oder gar zu bagatellisieren. Das Kind lernt sonst nie das richtige Verhalten.

WICHTIG
Wenn ein älteres Kind absichtlich und wiederholt Tieren weh tut, ist es verhaltensgestört. Holen Sie sich Rat bei einem Experten.

Auch die Kleinsten können schon »das richtige Händchen« für einen Hund haben.

Das Kind war zuerst da

Beachten Sie bitte, was unter »Eingewöhnung« beschrieben ist. Tiere sind kein Kinderspielzeug! Und obwohl Kinder von allen Haustieren mit dem Hund sicher am meisten anfangen und mit ihm die dickste Freundschaft schließen können, müssen sie auch lernen, dass er ein eigenständiges Wesen ist, dessen Bedürfnisse sie zu berücksichtigen haben. Achten Sie also darauf, dass Ihre Kleinen den Hund

● nicht beim Fressen ärgern oder ihm den Kauknochen wegnehmen

● nicht beim Schlafen stören

● nicht wild an der Leine durch die Gegend zerren, ohne Rücksicht darauf, ob und wo er gern schnuppern und sein Geschäft verrichten möchte.

Kinder müssen akzeptieren, wenn der Hund nicht von allen ihren Freunden begrapscht werden will und manchmal auch keine Lust zum Spielen hat. Bei einem fröhlichen und gesunden Vierbeiner wird das allerdings selten der Fall sein.

Krabbelkinder und Hunde

Kleinere Kinder können das alles natürlich nur schwer begreifen. Hier sollten Eltern und andere Erwachsene nicht nur darauf achten, dass der Hund dem Kind nichts tut, sondern genauso umgekehrt. Kleinkinder sind mitunter atemberaubend grob und selbst dem gutmütigsten vierbeinigen Spielgefährten wird es irgendwann zu viel, wenn man ihn am Ohr oder am Schwanz zieht oder – wie es so schön beim Teddybär ging – das Auge herausbohren will.

Andererseits verstehen aber bereits Krabbelkinder mehr, als man denkt. Machen Sie es immer wieder vor, wie man den Hund richtig streichelt und krault (siehe Foto). Babys und Kleinkinder ahmen alles nach und freuen sich, wenn das Tier nicht immer nur wegrennt.

Allerdings kann es während der ersten drei bis vier Lebensjahre, je nachdem, wie kräftig und standfest ein Kleinkind ist, auch beim kinderfreundlichsten großen Hund, Typ »sanfter Riese«, vorübergehend zu Problemen kommen, wenn der ungestüme Trampel die Kleinen ab und zu über den Haufen rennt. Auf jeden Fall sollten Sie Hund und Kind nie unbeaufsichtigt lassen.

Hund und Katze

Die gleichzeitige Haltung von Hund und Katze ist möglich und funktioniert in den meisten Fällen wunderbar, wenn ein paar Regeln beachtet werden. Ein Hund mit Vergangenheit hat fast immer schon Erfahrungen mit Katzen sammeln können; es fragt sich nur, welche. Hunde aus dem Mittelmeerraum übrigens sind entweder absolut katzenverträglich, weil ihnen durch das Leben in Freiheit die samtpfötigen Streunerkollegen vertraut sind. Oder aber sie sind besonders gnadenlose Katzenjäger, weil sie »jene anderen Vierbeiner« nur als Nahrungskonkurrenten kennen!

> **WICHTIG**
> Eine Katze hält man einem Hund immer mit dem Hinterteil voran zum Kennenlernen hin, denn erstens fühlt sich so die Katze weniger bedroht und zweitens kriegt der Hund, falls der kleine Tiger ihm doch nicht so wohlgesonnen ist, nicht gleich dessen Krallen im Gesicht zu spüren.

Katzenunverträgliche Rassen

Ein paar Hunderassen und -mischungen eignen sich von vornherein schlecht für die Kombination mit einem Stubentiger: alle Hunde mit ausgesprochenem Jagdtrieb sowie die Nordischen Rassen (Husky, Malamute etc.).

Terrier benehmen sich Katzen gegenüber ebenfalls eher giftig. Aber auch hier gibt es immer Ausnahmen – je nach Sozialisation des Tieres.

Deswegen ist es natürlich immer einfacher und risikoloser, anpassungsfähige Jungtiere miteinander zu konfrontieren. Außerdem wird ein Welpe von einem erwachsenen Tier leichter akzeptiert, vielleicht sogar noch etwas bemuttert.

Wenn Sie schon eine Katze haben

Testen Sie mit (netten) Hunden aus dem Bekanntenkreis erst einmal, wie sie auf diese reagiert. Begegnet sie ihnen mit Freundlichkeit, wird sie sich mit dem neuen Hausgenossen voraussichtlich auch gut vertragen. Wenn nicht, sollten Sie trotzdem nicht gleich aufgeben; es wird dann zwar etwas schwieriger sein, Ihren Stubentiger an einen Hund zu gewöhnen, der ab jetzt zur Familie gehört, aber es ist deshalb nicht unmöglich. Fragen Sie nun im Tierheim speziell nach katzenfreundlichen Kandidaten. Meist gibt es genug davon.

Das sage noch einer »wie Hund und Katze« – die beiden Freunde

Spielen Sie möglichst nicht den Friedensstifter

Bei einem extrem friedlichen oder unsicheren Hund kann es nun sogar auch passieren, dass die Katze ihn nach und nach zu scheuchen beginnt. Dann müssen Sie den Hund unterstützen, ihm nach jeder Niederlage Mut zusprechen, ihn besonders streicheln und sein Selbstbewusstsein aufbauen. Ansonsten sollten Sie sich aber gar nicht einmischen und die Tiere ihre Querelen unter sich austragen lassen. Nur wenn eine Seite so aggressiv ist, dass es wirklich gefährlich zu werden droht, dann greifen Sie schlichtend ein.

Katzen können gefährlich sein

INFO Differenzen zwischen Hund und Katze sind auch auf die unterschiedliche Körpersprache der beiden Tierarten zurückzuführen. Wedelt zum Beispiel ein Hund mit der Rute, signalisiert er Sympathie, bewegt die Katze ihren Schwanz hin und her, dann ist Vorsicht geboten.

Katzenkrallen können nicht nur (vor allem für die empfindliche Hundeschnauze) sehr schmerzhaft sein, sondern im schlimmsten Fall sogar bleibende Verletzungen zufügen, wobei ganz besonders die Augen des Hundes gefährdet sind.

Manchmal sieht man einem seiner Vierbeiner auch schon an, was er im Schilde führt. Dann schmeißen Sie einen aus dem Zimmer oder setzen sich streichelnd und demonstrativ zum potenziellen Opfer.

Hund und Katze kommen gleichzeitig

Das ist natürlich die beste Voraussetzung für eine dauerhafte Freundschaft, vor allem, wenn es sich um Jungtiere handelt. So kann auch keines der beiden die älteren Hausrechte geltend machen und das andere als Eindringling empfinden.

Mitunter kommt es ja sogar vor, dass sich bereits im Tierheim oder auf der Pflegestelle eine dicke Hund-Katze-Freundschaft entwickelt hat und das ungleiche Paar nur zusammen vermittelt werden soll. Das ist dann natürlich am günstigsten.

Sonderfall: zu viel Begeisterung

Auch zu viel »Liebe« kann zum Problem werden, vor allem, wenn sie nicht auf Gegenseitigkeit beruht, was im heiklen Spannungsfeld zwischen Hund und Katz' relativ wahrscheinlich ist. Sollte Ihr Second-hand-Hund in seinem früheren Leben nur die besten Erfahrungen mit Katzen gesammelt haben, wird er ihre Artgenossen jetzt begeistert zum Spielen und Schmusen auffordern und sich dadurch vielleicht so manchen Kratzer einhandeln. Bleibt zu hoffen, dass er aus Erfahrung klug wird, bevor der Stubentiger »Ernst macht«.

Der Zweithund

Eigentlich machen zwei Hunde auch nicht viel mehr Arbeit als einer. Wenn sie unterschiedlich alt sind, erzieht der ältere den jüngeren und nimmt Herrchen oder Frauchen damit sogar ein gutes Stück Arbeit ab. Natürlich kann es aber auch sein, dass er dem Kleinen ziemlich viel Unsinn beibringt!

Zum Mehraufwand

Spazieren gehen müssen Sie mit einem Hund genauso wie mit zweien und die doppelte Portion Fressen kostet keinesfalls das Doppelte an Zeit. Einzig Tierarztbesuche bei Unfällen und Krankheiten sowie Bürsten und Pflegen können das Zweifache an Arbeits- und Zeitaufwand bedeuten.

Wenn Sie also keinen Ärger mit dem Vermieter befürchten müssen und genug Geld für Futter, Impfen, Steuer und Haftpflicht haben: warum nicht einen artgenössischen Spielgefährten aufnehmen?

Ob Sie mit einem oder zwei Hunden unterwegs sind, der Zeitaufwand ist der gleiche.

Welche Hunde vertragen sich miteinander?

Falls Sie einen Streuner aus dem Süden adoptieren, wird es Ihnen sowieso schwer fallen, eine Wahl zu treffen und die anderen Kerlchen einer ungewissen Zukunft (oder leider ja eben auch dem sicheren Tod) zu überlassen. Wenn Sie also auch zwei Hunde verkraften können, nehmen Sie noch einen Kumpel oder Verwandten Ihres Auserwählten mit. Dann ist auch gesichert, dass die beiden sich verstehen. Bei der Kombination Vater und Sohn kann es allerdings Auseinandersetzungen geben, wenn der Junior geschlechtsreif wird.

Gegenseitige Sympathie ist nötig

Falls Sie noch einen zweiten möchten, gilt im Wesentlichen die gleiche Vorgehensweise wie in Sachen Katze: Sie gehen zusammen mit Ihrem Hund ins Tierheim und schauen, mit welchem Artgenossen er sich auf Anhieb versteht.

Wenn Sie ein Tier des anderen Geschlechts zum bereits vorhandenen Hund hinzugesellen, besteht nur eine geringe Gefahr, dass die beiden sich nicht vertragen oder einander gar beißen. Dafür ist natürlich das Risiko des Nachwuchses umso größer. Ein Tier sollte also unbedingt kastriert sein. Wenn Sie wählen können, lassen Sie den Rüden unfruchtbar machen. Der Eingriff ist einfacher und billiger als bei einer Hündin. Allerdings müssen Sie für eine nicht kastrierte Hündin ihr Leben lang Verhütungsmittel bezahlen.

Kennenlernen auf neutralem Terrain

Damit es später keine bösen Überraschungen gibt, bestehen die Tierschutzvereine bei Vermittlung eines andersgeschlechtlichen Zweithundes in der Regel sowieso darauf, dass einer der beiden kastriert ist oder wird.

Egal ob Sie Ihrem Hund nun »Mitspracherecht« einräumen oder nicht, begegnen sollten sich die beiden zukünftigen Rudelgefährten am besten zunächst einmal auf neutralem Terrain, und zwar – sofern das möglich ist – unangeleint. Am besten machen Sie mit den beiden einen Spaziergang.

Klappt es oder klappt es nicht? Eine entspannte Atmosphäre kann jetzt über den Ausgang der Begegnung entscheiden.

INFO Wenn ein Tierheimhund als Zweithund in eine Familie kommt, besteht die Chance, dass alles friedlich verläuft. Die Tierschützer wissen natürlich genau darüber Bescheid, ob der von Ihnen ausgewählte Hund ein gut sozialisierter, verträglicher Vierbeiner ist.

Rangordnungsrangeleien

Besonders wenn es sich um gleichgeschlechtliche Hunde handelt, wird es wahrscheinlich früher oder später zu Rangordnungskämpfen kommen, die sich für sensible Naturen nicht schön anhören. Lassen Sie die beiden trotzdem gewähren, denn einmal muss halt die Rangordnung hergestellt werden und danach ist die Situation wenigstens geklärt.

Es kann allerdings passieren, dass der Unterlegene doch irgendwann die Konstellation noch einmal neu überprüfen möchte.

Das ist durchaus natürlich, also kein Grund zur Sorge, und kann die Verhältnisse umkehren. Für den abgelösten Älteren ist das natürlich bitter und er wird folglich nun ganz besonders Ihre Liebe und Aufmerksamkeit brauchen.

In vielen Fällen können aber auch zwei Rüden oder zwei Hündinnen ihr ganzes Hundeleben lang ganz wunderbar miteinander klarkommen.

So banal der Satz auch ist: Gerade wenn es um lebendige Individuen geht, sind Ausnahmen nun einmal wirklich die Regel!

> **WICHTIG**
> Haben Sie zwei Hunde desselben Geschlechts, müssen Sie bei Begegnungen mit fremden Hunden nur entweder auf andere Männchen oder auf andere Weibchen achten. Bei Tieren beiderlei Geschlechts müssen Sie dagegen bei jedem entgegenkommenden Hund damit rechnen, dass es Streit geben kann.

Oft sehen diese Rangeleien sehr gefährlich aus. Das meiste ist jedoch Imponiergehabe.

Erziehung

WICHTIG
Falls Sie mit dem Namen des Hundes absolut nicht klarkommen, beschränken Sie sich auf die Veränderung möglichst weniger einzelner Buchstaben.

Ein Tierheimhund aus »zweiter Hand« hat wahrscheinlich bereits einiges gelernt, wenn nicht vom Vorbesitzer, so vielleicht beim Tierschutz. Denn immer mehr Vereine gehen – sofern es ihre Zeit erlaubt – mit unerzogenen Tieren in Hundeschulen oder auf Abrichteplätze und erhöhen so die Vermittlungschancen ganz erheblich. Falls Ihr Hund nicht zu diesen Glücklichen gehört, sind Sie selbst gefordert.

Das sollte der Hund auf jeden Fall können?

Am allerwichtigsten ist, dass Ihr Hund kommt, wenn Sie ihn rufen. Dazu muss er aber seinen Namen kennen.

Bitte verzichten Sie darauf, ein Abgabetier umzutaufen, bloß weil Ihnen sein Name nicht gefällt. Das wäre eine überflüssige zusätzliche Irritation für ein Tier, das sowieso schon durch Tierheimaufenthalt und neues Zuhause verunsichert ist und sich an viel Neues gewöhnen muss.

Auf Ruf kommen

WICHTIG
Das Tier muss das Gehorchen und Zu-Ihnen-Kommen mit einer positiven Erfahrung verbinden, sonst wird es diese Übungen aus Angst vor etwas Negativem nie ausführen.

Wenn das Tier seinen Namen kennt und auf Rufen kommt, loben Sie es über den grünen Klee, belohnen es mit Schmusen oder einem Leckerli.

Das »Komm!« klappt allerdings nicht immer. Wenn Ihr Hund gemütlich in seiner Ecke oder seinem Körbchen liegt und sich nicht rührt, locken Sie ihn mit einem Spielzeug zu sich heran. Er wird sich eine fröhliche Toberunde mit Ihnen sicherlich nicht entgehen lassen. Scheuchen Sie den Hund nie von seinem »Stammplatz« weg. Dieser Ort muss dem Hund gehören, er muss sich dort sicher fühlen und sich jederzeit in seine Ecke zurückziehen können. Das muss die ganze Familie respektieren.

Wiederholen Sie die Übung an einer langen Leine oder einer Schnur. So können Sie Ihren Hund – vorsichtig – zu sich heranziehen und loben ihn dann (völlig übertrieben), auch wenn er zunächst gar nicht freiwillig gefolgt hat.

Klappt die Übung an Leine oder Schnur, können Sie sie ohne diese Hilfsmittel wiederholen, allerdings zunächst nur in der Wohnung oder in einem umzäunten Garten, wo Ihr Schüler sich nicht auf und davon machen kann.

»Sitz!« und »Platz!«

Diese beiden Kommandos sollte der Hund als Nächstes lernen. Vergewissern Sie sich seiner Aufmerksamkeit (der Hund muss Sie anschauen) und sagen Sie deutlich das entsprechende Wort; manche heben dabei als optische Verstärkung noch den Zeigefinger und drücken das Tier dann langsam und möglichst sanft am Hinterteil in die Sitzposition.

Erst wenn »Sitz!« sitzt, zeigen Sie Ihrem Vierbeiner auf die gleiche Weise, was Sie mit »Platz!« meinen. Wenn der Hund gar nicht kapiert – oder so tut –, dass er sich nun hinlegen soll, ziehen Sie ihm dabei vorsichtig die Vorderpfoten weg. Wiederholen Sie dabei immer wieder das Wort »Platz!«.

Falls sich der Hund bei »Platz!« immer wieder setzt, hat ihm das vielleicht der vorherige Besitzer so beigebracht. Dann freuen Sie sich, dass er schon etwas kann, und sagen »Lieg!«, wenn er sich hinlegen soll.

»Sitz!« und »Platz!« klappen übrigens relativ bald und problemlos bei fast allen Hunden. Selbst schlecht erzogene wilde Rabauken sind dazu oft bereit und wirken allein dadurch braver, als sie in Wirklichkeit sind. Und sogar südeuropäische Streuner beherrschen »Sitz!« in der Regel perfekt, half es doch schon immer, einen freundlichen Touristen zum Spendieren eines guten Happens zu bewegen. Geben Sie also keinesfalls auf, wenn Ihr Hund so tut, als könne er das nicht. Bestehen Sie bei allen Übungen immer darauf, dass der Hund sie ausführt. Beenden Sie eine »Schulstunde« immer positiv mit einem Spiel.

Zufallslernen

Schon die allerkleinsten Welpen können »Sitz!« auf spielerische Weise beigebracht bekommen – und zwar durch den Lehrer »Zufall«. Der kommt nämlich zum Einsatz, noch lange bevor ein Junghund alt genug ist für den Ernst des Lebens und Lernens!

Macht ein Welpe aus irgendeinem Grund gerade zufällig »Sitz!«, so lobt man ihn völlig begeistert und übertrieben über den grünen Klee, sodass er sich freut. Geschieht das öfters, so wird der Kleine schnell das Sitzen mit der positiven Reaktion in Verbindung bringen und es gerne machen. Ähnlich können Sie dem Welpen andere Verhaltensweisen wie Bei-Fuß-Gehen oder das Aportieren beibringen.

Die Übung »Sitz!« lernt ein Hund sehr schnell.

TIPP »Ablegen« ist einige Mühe wert, denn Sie werden in vielen Situationen dankbar sein, wenn Ihr Hund es kann und er sogar liegen bleibt, wenn etwas Interessantes vorbeiläuft. Solch ein Tier können Sie dann wunderbar und stressfrei auch zum Einkaufen mitnehmen.

»Bleib!« ist eine schwierige Übung, weil der Hund eigentlich seinem »Rudel« folgen will.

Das Ablegen

Komplizierter ist schon der nächste Schritt: Nun soll Ihr Hund im »Sitz!« und »Platz!« verharren, obwohl Sie sich entfernen. Dazu sagen Sie immer wieder »Bleiiiiib Sitz« und gehen mit erhobenem Zeigefinger und unter Beibehaltung des Blickkontakts zunächst rückwärts weg. Nach ein paar Metern erlösen Sie den angespannten Hund durch Rufen und loben ihn heftigst. Aber wahrscheinlich klappt das Ganze nicht so schnell, und Sie müssen immer wieder zurückgehen, ihn sich wieder hinsetzen oder -legen lassen und die Übung von vorn beginnen. Haben Sie Geduld.

Fangen Sie mit geringen Entfernungen an, die Sie bei Erfolg nach und nach vergrößern. Dieses Training können Sie auch während des Spaziergangs durchführen. Vielen Hunden macht es sogar Spaß, den spannenden Moment abzuwarten, um nach Ihrem Ruf wie eine Rakete mit fliegenden Ohren zu Ihnen zu stürmen. Manche stellen sich aber auch ganz dumm an oder tun einfach, als wären sie taub! Deshalb sollten Sie auch für diese Übung eine lange Schnur verwenden, sodass Sie besser auf das Tier einwirken können.

»Bei Fuß!«-Laufen

Zum absoluten Minimum an guter Erziehung gehört außerdem das »Bei«- oder »Am Fuß«-Laufen – sowohl mit als auch ohne Leine. Dabei soll der Hund dicht an Ihrer Seite gehen. Die Leine nehmen Sie in beide Hände: Mit der Hand auf der Seite des Hundes (immer links von Ihnen) lenken Sie zusätzlich, während Sie mit der anderen Hand die Leine fest im Griff haben. So führen Sie den Hund und bestimmen dabei Tempo, Gangart und Pausen.

Ziel ist, dass sich das Tier ganz an Ihnen orientiert und genau das tut, was Sie tun. Nur so können Sie es auch sicher durch den Straßenverkehr der Innenstädte führen und es eventuell einmal Leuten anvertrauen, die keine Lust zum ständigen Tauziehen haben.

INFO Es ist sehr schade, dass auch die wohlerzogenen Tiere und deren vorbildliche Besitzer durch den undifferenzierten Leinenzwang, wie er in letzter Zeit in einigen deutschen Großstädten in Mode gekommen ist (in Österreich besteht er generell), bestraft und demotiviert werden.

Es geht nur mit Lob

Auch bei dieser Übung sollten Sie viel mit Ihrem Schüler reden und ihn bei jeder Gelegenheit loben und belohnen. Größere Tiere können Sie zur Unterstützung liebevoll am Ohr kraulen. Vor allem kleinere Hunde dürfen nicht durch einen plötzlichen Ruck an der Leine, mit dem man sie ans »Am Fuß!«-Gehen erinnern will, den Boden unter den Pfoten verlieren. Wenn der Hund zieht, geben Sie klare Anweisungen, notfalls unterstützen Sie Ihren Wunsch mit einem festen Griff in den Nacken, und lassen ihn in kurzen Abständen mehrmals »Sitz!« machen. Für Hund und Mensch ist es eine herrliche Erleichterung, wenn das Ganze schließlich auch ohne Leine klappt.

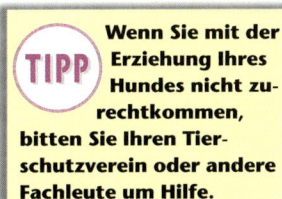

TIPP Wenn Sie mit der Erziehung Ihres Hundes nicht zurechtkommen, bitten Sie Ihren Tierschutzverein oder andere Fachleute um Hilfe.

Erziehung – eine Mühe, die sich immer lohnt

Erziehung ist für das Tier keine Zumutung, sondern ein Liebesdienst. Ein unerzogener Hund gefährdet nicht nur sich und seine Umgebung, er hat auch weniger Spaß am Leben, weil er weniger Freiheiten genießen kann. Er wird sich häufiger verletzen und mit größerer Wahrscheinlichkeit eines früheren Todes sterben als seine erzogenen Artgenossen.

Und letztlich macht sich ein unerzogener Hund, der nicht von der Leine gelassen werden kann, selbst bei so manchem Hundefreund unbeliebt.

Ein unerzogener Hund erfreut sich allgemein geringerer Zuneigung, wird seltener geknuddelt, getreichelt und belohnt.

Hundeschule und Abrichteplatz

Auch kleinere Gemeinden haben meist einen Hundeplatz mit entsprechendem Verein. Allerdings sollten Sie sich den Platz sorgfältig aussuchen, zunächst einige Male den anderen beim Training zusehen und, auch wenn Sie einen guten Eindruck von Trainern und Methoden haben, erst nach ein paar Probeteilnahmen Mitglied werden.

Spielen ist wichtig

Ein gutes Zeichen ist dagegen, wenn die Hundeschüler vor und nach den Übungen miteinander spielen und toben dürfen. Deshalb lohnt es sich unter Umständen, ein paar Kilometer weiter zu einem netteren Verein zu fahren.

Viele Hundehalter wollen lediglich, dass ihr Hund gehorcht und das beherrscht, was hier zuvor beschrieben wurde, dass er vielleicht noch ein bisschen apportiert und gefälligst keine Jogger und Radfahrer mehr jagt.

Mensch und Hund sind gesellig: Gemeinsam trainiert es sich einfach besser!

Intensivkurse mit oder ohne Herrchen

Aus gutem Grund liegen manche Hundeschulen oft in landschaftlich reizvollen Gegenden: So können Sie den »Schulbesuch« Ihres Hundes mit Urlaub verbinden. Manchmal gibt es auch Pauschalangebote mit Hotel, die Sie im Anzeigenteil von Zeitungen und Tier(schutz-)zeitschriften finden.

Interessant sind dabei spezielle Programme für verhaltensgestörte Hunde, die hier professionell trainiert und Im Idealfall resozialisiert werden können. Egal, ob leichter oder schwerer Fall, bestimmt ist die so intensiv und sinnvoll gemeinsam verbrachte Zeit für Mensch und Tier ein Gewinn.

INFO Auch engagierte Tierschutzvereine schicken mitunter verhaltensgestörte (Problem-)Tiere in eine kostspielige Hundeschule, wo sie unter professioneller Anleitung im Idealfall wieder resozialisiert werden können. Für einen wirklich bissigen Hund ist dies vielfach die einzige und letzte Chance.

Den Hund einfach abliefern

Problematisch ist dagegen ein weiteres Angebot mancher dieser Schulen: Danach können Sie etwa während der Urlaubszeit Ihren Schützling allein dort abliefern und ihn nach einem mehrwöchigen Intensivkurs angeblich bestens erzogen wieder abholen.

Warum das nicht funktionieren kann

● Erstens verwirrt und belastet es den Hund, wenn er plötzlich eine ihm völlig fremde Person als Rudelführer anerkennen soll. Und für ein Tier, das bereits ein- oder mehrmals sein Zuhause verloren hat, ist die Trennung vom neuen Herrchen oder Frauchen eine herzlose Zumutung.

● Zweitens: Was passiert, wenn der Vierbeiner wieder zu Hause ist und das Gelernte nicht konsequent weiterverfolgt und -trainiert wird? Während der Ausbildung hat er seinen Lehrer als Rudelführer anerkannt und sich ihm deshalb untergeordnet. Nun ist aber der erlernte Gehorsam an die Person des Trainers gekoppelt, das heißt, seinem Herrchen oder Frauchen selbst wird er genauso gut oder schlecht gehorchen wie vorher.

● Drittens: Den eigenen Hund in einer so existenziellen Entwicklungs- und Prägungsphase und für eine relativ lange Zeit ausschließlich fremden Leuten zu überlassen, setzt ein so unglaubliches Maß an Vertrauen voraus, wie es – ohne den Hundeexperten unseriöse Praktiken unterstellen zu wollen – kaum gerechtfertigt sein kann. Denn so vollständig kann man sich vorher gar nicht über die Erziehungsmethoden informieren, die in eigener Abwesenheit auf den Hund zukommen.

TIPP In manchen Städten und Landkreisen bieten sogar Volkshochschulen Hundeerziehungskurse an – meist aufgeteilt in einen Theorie- und einen Praxisteil.

TIPP Für die Hunde-
halter mit wenig
Zeit und Muße
für Hundesport
und Vereinsleben emp-
fehle ich Fahrradtouren.
Allerdings eignet sich
nicht jeder Hund dazu.
Kleine Tiere nicht überan-
strengen!

Agility – Sport für Hund und Mensch

Seit ein paar Jahren gewinnt diese fröhlichere Variante des
klassischen Abrichtens auch bei uns immer mehr an Popula-
rität. Sie kommt ursprünglich aus England und stellt eine echte sportlich-spielerische Alternative für diejenigen dar, die ihre Freizeit gern sinnvoll mit ihrem Hund verbringen möchten.

Vorteile für Zwei- und Vierbeiner

Dabei entwickeln sich Mensch und Hund zu einem wahrhaft
eingespielten Team, das gemeinsam mit allen möglichen Hindernissen fertig werden muss. Zusätzlich zur körperlichen Er-
tüchtigung schafft das wiederum gegenseitiges Vertrauen
und festigt damit die Basis für das gesamte Zusammenleben
sowie für eine erfolgreiche Erziehung des Hundes.

Erkundigen Sie sich beim Tierschutzverein nach Agility-
Möglichkeiten in Ihrer Region. Für die Ehrgeizigeren gibt es
inzwischen auf allen Vereinsebenen verschiedene Prüfungen
und Meisterschaften – bis hin zu internationalen Veranstal-
tungen und World-Cups.

*Der Tunnel ist eines von
rund 20 Hindernissen
auf dem Agility-Parcours.*

Hunde bewegen sich gerne. Deshalb lieben sie den Hunde-Spielplatz.

Zunächst eine wackelige Angelegenheit, aber bald macht der Gang über die Wippe Spaß.

Wenn der Hund sehr ängstlich ist

INFO Übrigens wollen gerade furchtsame Hunde oft nicht ins Auto steigen, weil sie aus einem hinausgeworfen wurden, als man sie aussetzte.

Dass ein Tierheimhund oder ein Streuner aus dem Süden ängstlich, scheu und schreckhaft ist, stellt leider eher die Regel als die Ausnahme dar. Oft erledigt sich das Problem zwar von allein (zumindest soweit, dass es sich für alle Beteiligten gut damit leben lässt), wenn der Hund heimisch geworden ist und Vertrauen gefasst hat und wenn er merkt, dass man ihm von nun an nur Gutes will. Aber mehr Einfühlsamkeit ist bei einem solchen Tier nicht nur bei der Eingewöhnung, sondern auch bei der Erziehung angesagt.

Aber auch ängstliche Hunde dürfen nicht alles

WICHTIG
Grundsätzlich muss man sich bei allem, was einen ängstlichen Hund noch ängstlicher macht, fragen, woher diese scheinbar unbegründete Furcht kommt. Denn es ist sicher kein böser Wille des Tieres, wenn es sich manchmal nicht in der Lage sieht, Ihren Wünschen zu entsprechen oder etwas anstellt! Seien Sie ein wenig großzügiger als bei einem selbstbewussten Kämpfer.

Doch natürlich muss auch ein Sensibelchen Grenzen gesetzt bekommen: Wenn das Tier wiederholt etwas Verbotenes macht, schimpfen Sie (ein bisschen) mit ihm. Sagen Sie ihm klar und streng, was es nicht darf. Zeigen Sie ihm empört-vorwurfsvoll, was es da (wieder) kaputtgebissen hat. Aber brüllen Sie den Missetäter nicht laut und feindselig an, denn das könnte ihn am Boden zerstören. Und: Auf gar keinen Fall dürfen Sie das Tier schlagen! Das sollte man ja eigentlich bei keinem Hund tun, aber bei einem ängstlichen kommt es einer Katastrophe gleich. Es wird auch gar nicht nötig sein, denn verängstigte Wesen sind meist viel zu vorsichtig, um sich wirklich völlig danebenzubenehmen.

Ängstlichkeit braucht Stärke und Sicherheit

Verweigert ein Hund aus unangebrachter Angst den Gehorsam und will zum Beispiel nicht ins Auto einsteigen, müssen Sie ihn freundlich, aber konsequent hineinsetzen und ihm klarmachen, dass keine Gefahr droht.

Der Tonfall darf nichts an Eindeutigkeit zu wünschen übrig lassen. Denn gerade das gibt einem unsicheren Hund Sicherheit, so nach dem Motto: Aha, die Rudelleitung weiß – wie immer – , wo es langgeht und was gut für mich ist. Na prima, dann gehe ich eben mit. Gutes Zureden allein würde ihn in diesem Falle in seinem Misstrauen gegen das Autofahren nur bestärken.

Trennungs- und Verlassensangst

Ein Hund, der schon einmal seine Menschen und sein Zuhause verloren hat, hat im Vergleich zu seinen unbekümmerten Artgenossen ein großes Problem: die Trennungs- und Verlassensangst. Und es kann sein, dass er nie ganz damit fertig werden wird. Umso wichtiger ist, dass Sie sie in den Griff kriegen. Denn leider werden gerade diese armen Kerle häufig genau deshalb wieder ins Tierheim zurückgebracht, weil sie nicht (mehr) allein bleiben können – ein Teufelskreis. Sie zerpflücken das Auto, zertrümmern die Wohnung – und alles nur aus lauter Panik, wieder verlassen worden zu sein.

Verlassensangst kann sich auch in großer Anhänglichkeit äußern. Selbst wenn so ein aufdringlicher »Schatten« zuweilen etwas anstrengend sein kann, so hat er doch den Vorteil, dass das Tier bestimmte Kommandos wie »Bei Fuß!« oder »Komm!« mit größtem Eifer und völlig freiwillig lernt.

INFO Wird der Zerstörungswahn während Ihrer unvermeidbaren Abwesenheiten gar nicht besser, müssen Sie das Tier so lange in einen Raum sperren, in dem es nichts oder nur möglichst wenig kaputtmachen kann. Das ist immer noch besser, als es deswegen wieder ins Tierheim zurückzubringen!

Alleinbleiben

Selbst wenn Ihnen die Tierschützer versichern, der Hund könne einen halben Tag allein gelassen werden, weil er das von den Vorbesitzern so gewöhnt sei, so ist es durchaus möglich, dass dies nach seiner schrecklichen Erfahrung inzwischen nicht mehr der Fall ist.

Was tun? Nehmen Sie das Tier mit, sooft es geht. Üben Sie das Alleinbleiben mit Geduld und Sensibilität schrittweise, indem Sie anfangs nur ganz kurz und dann immer länger weggehen und den Hund bei jeder Rückkehr vollkommen übertrieben begrüßen und belohnen.

Wenn er auf Ihr Weggehen mit lautstarkem Gebell reagiert, warten Sie vor der Wohnungstür, bis er damit anfängt, reißen die Tür auf und schimpfen mit ihm. Danach müssen Sie aber unbedingt wieder weggehen. Sonst denkt der Hund, wenn er nur laut genug bellt, kommen Sie, wenn auch ein wenig übelgelaunt, zurück.

Sehnsüchtig beobachtet er die Tür, hinter der sein Mensch verschwunden ist.

Der Alltag – zu Hause und auch auf Reisen

Sind die aufregenden ersten

Wochen vorbei, beginnt für Sie

und Ihren neuen Gefährten der

Alltag. Doch das gemeinsame

Leben bleibt spannend und

voller Überraschungen.

Die ideale Lösung für kleine Hunde, die nicht so lange laufen dürfen und können sind ein hundesicherer Anhänger und ein Körbchen.

Balgereien & Beißereien

TIPP Wenn Sie den absoluten Lieblingsfeind Ihres Hundes am Horizont sehen, biegen Sie vorher ab und gehen so einer Keilerei im wahrsten Sinne des Wortes aus dem Weg.

Eigentlich sollte man nicht glauben, dass dieses Thema genug Stoff für ein Ratgeberkapitel hergibt. Doch leider ist es so, weil nämlich zu viele Hundebesitzer zu wenig über ihre und andere Hunde wissen und oft völlig hysterisch reagieren, wenn sie auf fremde Vierbeiner treffen.

Begegnungen der harmlosen Art

Wenn Sie sehen, dass der entgegenkommende Spaziergänger bei Ihrem Anblick hektisch wird und seinen Hund anleint, lassen Sie den Ihren »Fuß!« gehen oder, falls er vielleicht nicht hundertprozentig gehorcht, leinen Sie ihn auch an.

Wirkt der fremde Hund entspannt, gehen Sie mit Ihrem locker vorbei. Vielleicht sind sich die Vierbeiner ja auch sympathisch und spielen begeistert miteinander. Und was gibt es für die gesunde Entwicklung eines Hundes Besseres als den natürlichen Umgang mit seinen Artgenossen?

Begegnen sich zwei unangeleinte Hunde, die sich nicht mögen, passiert normalerweise am wenigsten, wenn die Besitzer zügig und möglichst unverkrampft weitergehen.

Die wichtigsten Infos auf Zuruf

Hunde sind neugierig und wollen einfach jeden Kollegen beschnuppern. Um dabei kein Risiko einzugehen, sollten Sie mit dem anderen Herrchen oder Frauchen schon von weitem die entscheidenden Informationen austauschen, etwa: »Weibchen oder Rüde?« – »Rüde. Und Ihrer?« – »Weibchen, na prima, dann gibt's ja keine Probleme!« oder »Meiner ist noch ganz jung und will nur spielen!« oder eben auch: »Rufen Sie Ihren Hund zurück. Meiner geht sonst auf ihn los!«

»Heimspiel«-Revierverhalten

Oft neigt ein Hund auch zur Streitlust, weil er sich besonders sicher fühlt, den Spazierweg in- und auswendig kennt und ihn für sein Terrain hält, von dem er Artgenossen vertreiben möchte. Wechseln Sie öfter die Route. Das hat auch den Vorteil, dass Sie nicht immer wieder die Hunde treffen, mit denen Sie bereits Ärger hatten.

Leine – ja oder nein?

Hunde verhalten sich immer ungleich aggressiver, wenn sie angeleint sind. Besonders prekär ist die Situation, wenn auf einen angeleinten Hund ein unangeleinter zurennt. Dann muss man flugs auch den anderen ableinen. Oder – falls die beiden Kontrahenten sich schon zu nah sind, als dass man noch mit der Hand ans Halsband greifen könnte – man lässt die Leine einfach los.

Was die Leine bei einer Beißerei für eine Rolle spielt

Wenn ein Hund bei einer Beißerei angeleint ist, verschärft das aus verschiedenen Gründen die Auseinandersetzung:

● Die Leine schränkt den Hund in seiner Bewegungsfreiheit ein und benachteiligt ihn daher.

● Er wird um so eifriger kämpfen, weil er spürt, nicht allein zu sein, und meint, auch noch sein Herrchen oder Frauchen am anderen Ende der Seilschaft mit verteidigen zu müssen.

● Auch der andere Hund wird sich besonders verbissen ins Zeug legen, weil er glaubt, zwei Gegnern gegenüberzustehen.

Und wenn's doch Streit gibt?

Falls aber doch einmal zwei Streithähne unbedingt getrennt werden sollen, müssen sich die beiden Halter so absprechen, dass beide absolut gleichzeitig nach ihrem Tier greifen und es wegziehen, am besten am Schwanz oder an den Hinterläufen. Unerschrockene können auch das Halsband ergreifen. Am wichtigsten ist jedoch die absolute Gleichzeitigkeit, weil sonst der zuerst Festgehaltene fürchterlich gebissen wird, ohne sich wehren zu können.

Wirklich gefährliche Hunde

Falls ein Hund so verhaltensgestört ist, dass er einen Artgenossen ernsthaft verletzt oder gar tötet, darf der Besitzer ihn auf keinen Fall und nirgends von der Leine lassen! Und sicherlich sollte solch ein Hund auch einen Maulkorb tragen, wenn man mit ihm spazieren geht. Und kommt es doch vor, dass solch ein Hund auf einen anderen losgeht, kann man nur hoffen, dass sein Herrchen beherzt einzugreifen bereit ist!

TIPP Wenn zwei Rüden aufeinander losgehen und auf Rückrufe nicht mehr reagieren, sollten die Halter am besten einfach flott in entgegengesetzte Richtungen davongehen.

ACHTUNG
Vermeiden Sie panikartige Reaktionen und hysterische Schreierei – Sie würden die Raufbolde damit nur anheizen!

Legt sich bei Rangeleien ein Hund auf den Rücken, hat er den anderen als Sieger anerkannt.

SPECIAL

Hundehaltung für Berufstätige

Wenn die Zweibeiner arbeiten gehen

Hundehaltung und Berufstätigkeit müssen einander nicht unbedingt ausschließen!

Unglaublich viele Tierfreunde hätten liebend gern einen Hund, schaffen sich aber keinen an, weil sie ganztags arbeiten gehen. Das ist natürlich prinzipiell vernünftig. Aber angesichts unserer überfüllten Tierheime sollte im Interesse von deren Insassen unbedingt jeder mögliche Platz bei tierliebenden Menschen in Betracht gezogen werden.

Noch dramatischer stellt sich die Situation dar, wenn ein Hund sogar wieder abgeschafft werden soll, weil eines der Familienmitglieder plötzlich berufstätig geworden ist. In beiden Fällen, vor allem aber in letzterem, spielen Sie bitte alle nur irgendwie vorstellbaren Möglichkeiten durch, um die Kombination Hund und Arbeit doch zu ermöglichen.

Der Idealfall: Der Hund darf mit zur Arbeit

Immer mehr Arbeitgeber haben erkannt, dass anwesende Tiere sowohl stimulierend als auch beruhigend wirken, die Konzentrationsfähigkeit der Mitarbeiter eher erhöhen und zu einem guten Betriebsklima beitragen können. Und Hunde sind natürlich von allen Heimtieren diejenigen, die man am unproblematischsten ins Büro mitnehmen kann. Und solange sich die – selbstverständlich stubenreinen – Vierbeiner gut benehmen und ihre An-zahl sich in Grenzen hält, gibt es nur wenig Gründe, die gegen ihre Anwesenheit am Arbeitsplatz sprechen.

Wenn der Hund zu Hause bleiben muss

Für ein paar Stunden am Tag kann man die meisten Hunde allein in der Wohnung lassen. Je nach Hundetemperament sind bei einem erwachsenen Tier bis zu 4, vielleicht sogar 5 Stunden zumutbar.

Wichtiger Hinweis: Einen älteren oder besonders ruhigen Hund mit einer gut funktionierenden Blase kann man auch schon einmal 8 Stunden allein lassen. Allerdings sollten so lange Abwesenheiten seltene Ausnahmen bleiben.

Ein Betreuer aus der Nachbarschaft?

Es gibt mit Sicherheit in jedem Wohnviertel jemanden (Rentner, Schüler) oder vielleicht sogar eine ganze hundebegeisterte Familie, die aus verschiedenen Gründen selbst keinen Hund hält, aber dafür umso lieber als Betreuer und Gassigeher zur Verfügung steht – entweder gegen Bezahlung oder sogar ohne. Solche guten Geister aller Hundebesitzer lernen Sie durch Mundpropaganda, durch Zettel an der Pinwand im Supermarkt oder durch ein Zeitungsinserat kennen (und schätzen).

Vor allem mit älteren, ruhigeren, vernünftigen Hunden, die sich bei Ihnen bereits gut eingewöhnt haben, sind solche Arrangements durchaus einen Versuch wert. Und spätestens jetzt empfinden Sie es auch als Erleichterung, wenn sich Ihr Liebling einigermaßen benehmen kann.

*Mensch mit
Hund in U-Bahn*

Allerdings sollten Sie bei solch einer Lösung dann aber den Löwenanteil Ihrer Freizeit und natürlich möglichst jeden Urlaub mit dem Tier verbringen.

»Dog-Sharing«, eine gute Alternative für Hundehalter

Bedenkt man, wie viele Menschen gern einen Hund hätten, aber aus »Vernunftgründen«, meist wegen Berufstätigkeit, schweren Herzen darauf verzichten, so spricht doch einiges dafür, sich die Betreuung eines Hundes zu teilen. Und zwar nicht in dem Sinne, dass einer den Hund besitzt und der andere dafür bezahlen muss, wenn er ihn betreut. Nein, beim »Dog-Sharing« sind beide Parteien mehr oder weniger gleichermaßen und gleichberechtigt für einen Hund verantwortlich. Zwei Voraussetzungen müssen allerdings unbedingt gegeben sein, damit dieses Modell klappt:

● Die Menschen müssen sich sehr gut verstehen, einander vertrauen und zumindest im Groben dieselben Ansichten über Erziehung, Entwicklung, Pflege und Wohlbefinden ihres Hundes haben. Allerdings sollte man hier auch nicht übertreiben, denn, sind wir einmal ehrlich, in welcher Partnerschaft oder Familie sind sich denn immer alle darüber einig, was der Hund darf und was nicht und wann er gehorchen muss?

● Die zweite Bedingung erscheint mir daher noch unverzichtbarer: Der Hund muss psychisch robust genug sein, Spaß an der Abwechslung haben und darf nicht unter Trennungs- oder Verlustängsten leiden, sodass er das Ganze problemlos und frohen Herzens mitmacht. Natürlich sollte der Hund den anderen Menschen auch mögen.

Mit dem Hund auf Reisen

> **WICHTIG**
> In Schweden beträgt die Genehmigungsgebühr 400 skr, also ca. 90 DM (ca. 46 €), in Norwegen etwas mehr, nämlich 500 nkr, also ca. 120 DM (ca. 61 €). Die Hunde, die Sie in den Urlaub mitnehmen möchten, müssen mindestens 7 Monate alt sein, und eine Genehmigung gilt netterweise für beide Länder.

Immer mehr Hundehalter möchten auch während der schönsten Wochen des Jahres nicht auf ihren Hund verzichten. Und es ist wesentlich einfacher, seinen Hund mit in den Urlaub zu nehmen, als man denkt – vor allem, wenn man mit dem Auto verreist. Voraussetzung ist ein gültiger Impfausweis; aber den sollte jeder Hund ohnedies haben. Für etliche Länder brauchen Sie zusätzlich noch ein Gesundheitszeugnis mit Bestätigung der Impfungen sowie einen Identitätsnachweis vom Amtstierarzt. Das ist ein wenig zeitraubend und lästig, weil es eigentlich keinen vernünftigen Grund dafür gibt. Aber diese Schikanen dürfen kein echtes Hindernis für einen gemeinsamen Urlaub auf zwei und vier Pfoten darstellen.

Wo gelten welche Einreisebestimmungen?

Erkundigen Sie sich sicherheitshalber rechtzeitig vor Reisebeginn nach den detaillierten Einreisebestimmungen Ihres Urlaubslandes. Reiseveranstalter, Botschaften und vor allem die Automobil-Clubs können rasch und zuverlässig die jeweils aktuellen Informationen geben: Zwar genügt fast immer ein gültiger Impfpass, aber wie lang die Impfungen mindestens her sein müssen und höchstens sein dürfen, variiert von Land zu Land. Offiziell ist bei einigen Ländern zusätzlich das Mitführen von Leine (ist ja wohl selbstverständlich) und Maulkorb (ist schon weniger selbstverständlich) Vorschrift, so zum Beispiel vielfach in Österreich, in Ungarn und in Italien.

> **INFO**
> In Finnland genügt eine Tollwutimpfbescheinigung, genau wie in Dänemark.
> In Island sind Hunde nach wie vor generell verboten. Das Gleiche gilt übrigens für Zypern und Malta.

Sonderfall Skandinavien

Nach Finnland haben seit 1. Mai 1994 auch Schweden und Norwegen die früher vorgeschriebene viermonatige (!) Quarantäne aufgehoben. Es ist zwar immer noch etwas komplizierter, in diese Länder zu reisen, aber nicht mehr unmöglich. Allerdings sollten Sie 4 bis 5 Monate vor Reisebeginn anfangen, sich um die notwendigen Formalitäten zu kümmern. Genaue Informationen und die erforderlichen Unterlagen und Antragsformulare können Sie bei allen norwegischen Auslandsvertretungen und beim schwedischen Zentrallandwirtschaftsamt (Adresse s. Anhang) anfordern.

Hunde dürfen hier nicht hinein!

In den neuen deutschen Bundesländern, in osteuropäischen Staaten (zum Beispiel in Tschechien und der Slowakei) und in südlichen Ländern wie Süditalien, Griechenland, Tunesien, Marokko, der Türkei und vor allem in Spanien dagegen kann es Ihnen passieren, dass Ihrem vierbeinigen Touristen der Zutritt in einzelne Hotels, Restaurants oder gar auf den einen oder anderen Campingplatz verwehrt wird. Erkundigen Sie sich daher schon vor Urlaubsantritt beziehungsweise fragen Sie gleich bei der Buchung im Reisebüro nach.

INFO Nur in Frankreich gibt es mit Hunden so gut wie nie Probleme, denn die Franzosen finden es absolut normal, ihre Vierbeiner überallhin mitzunehmen – außer an einzelne Atlantikstrände französischer Nobelbadeorte!

Der Hund passt auf

Mit dem Hund den Urlaub zu verbringen, macht nicht nur ihm selbst und seinen Menschen Spaß, sondern kann auch sonst ein großer Vorteil sein: Er schreckt (Taschen-)Diebe ab, bewacht Auto, Kind und Kegel und sorgt je nach Größe und gefährlichem Aussehen dafür, dass Frauchen auch in Shorts unbelästigt die italienische Strandpromenade entlangschlendern kann.

TIPP Alles in allem ist der Stress vielerorts am geringsten, wenn Sie mit dem Wohnmobil, das heißt möglichst unabhängig, auf Reisen gehen. Natürlich müssen Sie zuerst sicher wissen, dass Ihr Hund gern Auto fährt und es auch verträgt.

WICHTIG
Seit 28. Februar 2000 ist es nun auch möglich, Hunde auf die Britischen Inseln mitzunehmen. Allerdings ist ihre Einreise an viele komplizierte Bedingungen geknüpft.

An sonnigen Stränden brauchen Hunde immer ein schattiges Plätzchen.

Das Transportproblem

Eigentlich sind Hunde die mobilsten Haustiere, die man sich nur denken kann. Meistens sind sie ausgesprochen unternehmungslustig, lieben es, sich fortzubewegen, und wissen dabei durchaus auch die »menschlichen« Transportmittel zu schätzen, vor allem, wenn sie sie gemeinsam mit ihrer Familie benutzen dürfen. Denn für »den besten Freund des Menschen« ist es in der Regel das Schönste, möglichst immer dabei zu sein und sein Rudel begleiten zu dürfen. Deswegen reisen die meisten Hunde lieber mit, als dass sie zu Hause bleiben. Ausnahmen gibt es natürlich. Ängstliche und scheue Naturen, die in ihrer Welpenzeit wenig Umwelteinflüssen ausgesetzt waren, fühlen sich in ihrer vertrauten Umgebung sicherer und wohler. Aber auch bei ihnen ist es nicht ausgeschlossen, dass sich das ändert. Hunde sind ja sehr lernfähig. Deshalb kann man sie normalerweise mit etwas Geduld ganz gut an die verschiedenen Verkehrsmittel gewöhnen.

Erst kurz vor dem Einchecken sollte der Hund in seine (stabile) Flugbox kommen.

Bei Reisen auf kleineren Schiffen sind »Bordhunde« gerne mit von der Partie.

Auf dem Schiff

Bei Routen nach Kreta, Korsika, Sardinien, Mallorca und auf andere Inseln oder wenn Sie von Italien nach Griechenland mit dem Schiff fahren möchten, sollten Sie sich nach den Transportbedingungen für Hunde erkundigen. Manchmal müssen sie nämlich für die ganze Fahrt in eine Transportbox oder einen Zwinger eingeschlossen werden (zum Beispiel Mallorca). Manchmal ist ein Maulkorb Vorschrift. Meistens dürfen Hunde nicht mit in eine Kabine (zum Beispiel Ancona-Patras) oder ins Bordrestaurant.

Im Flugzeug

Falls Sie mit dem Flugzeug verreisen, muss Ihr Hund, wenn er groß ist, in eine Transportbox im Gepäckraum. Manchen macht das gar nichts aus, vor allem wenn sie vorher ein Beruhigungsmittel bekommen haben. Ein paar ganz Sensible kriegen allerdings dabei fast einen Nervenzusammenbruch. Kleine Hunde und Welpen dürfen in einer Box mit in die Passagierkabine und auch mal auf dem Schoß sitzen. Meistens ist nur ein Hund pro Flug erlaubt.

TIPP Bei extrem langen Flügen sollten Sie auf jeden Fall kontrollieren, ob Ihr Tier wirklich ausreichend versorgt und bei Zwischenlandungen gegebenenfalls auch kurz Gassi geführt wird.

Der Hund muss zu Hause bleiben

Natürlich gibt es Reisen (zum Beispiel Skiurlaub und Städtetouren) und Urlaubsziele (zum Beispiel Asien), die nicht für Hunde geeignet sind. Und es gibt – wenn auch wenige – Hunde, die eben leider nicht fürs Reisen geeignet sind. Mitunter kann auch ein Tier einfach zu alt für eine strapaziöse Reise sein. Dann ist es sicher für alle Beteiligten am besten, den Hund für diese Zeit woanders unterzubringen.

> **TIPP** Gerade auch jüngere Leute kommen als Hundesitter infrage, Neffe oder Nichte zum Beispiel, die eine triste Studentenbude gern einmal für eine Zeit gegen eine hübsche Wohnung eintauschen.

Der Hund kommt zu Freunden

Am besten gibt man seinen Hund für die Zeit des Urlaubs zu einer Vertrauensperson, die das Tier möglichst sogar gut kennt. Dabei zeigt sich dann wieder einmal, wie vorteilhaft es doch ist, wenn man seinen Hund gut erzogen hat. Freunde, die auch einen Hund haben, der sich mit dem Ihren gut versteht, sind ideal. Und Sie können sich in solch einem Fall auf einfache Weise revanchieren.

Rüstige ältere Menschen mit Hundeerfahrung sind die idealen Hundesitter.

Freunde kommen zu Ihnen

Die zweitbeste Lösung ist jemand, der zusammen mit dem Hund auch gleich Haus oder Wohnung hütet. Dies ist natürlich vor allem dann sinnvoll, wenn Sie mehrere Tiere haben. Vielleicht finden Sie einen zuverlässigen Verwandten oder Bekannten, der gern für ein paar Tage oder Wochen bei Ihnen wohnt. Gerade in der Ferienzeit freut sich vielleicht manch einer über das Angebot eines Tapetenwechsels. Oder es gibt den einen oder anderen Jugendlichen, der gerne mal für einige Zeit eine sturmfreie Bude hat und dabei jedoch zuverlässig Ihr Tier versorgt. Allerdings sollten auch die jungen Leute schon Erfahrung mit Hunden haben und Ihren Hund kennen.

INFO Der Rund-um-Service von Haushüteragenturen ist nicht ganz billig, sodass er gerade für mehrwöchige Aufenthalte sicher nur im Notfall infrage kommt. Denn Sie verdoppeln dadurch nahezu Ihre Urlaubskosten.

Hundesitter und Haushüter

Falls Sie niemanden im Freundeskreis oder in der Familie haben, so gibt es noch andere Möglichkeiten: »Rent a Rentner« beispielsweise. Sie werden über Haushüteragenturen vermittelt. Entsprechende Adressen finden Sie im Branchenverzeichnis. Für Ihren Hund ist es angenehm, nicht aus seiner gewohnten Umgebung weg zu müssen, was vor allem bei Tieren mit Verlassensängsten von großer Bedeutung sein kann. Und gleichzeitig wird das ganze Haus betreut.

Private Pflegestellen

Diese Pflegestellen bei Fremden, die Sie über Mundpropaganda oder Zeitungsannoncen finden, bieten sich als drittbeste Möglichkeit für die Versorgung Ihres Tieres während des Urlaubs an. Manchmal können Ihnen auch Tierschutzvereine gute Adressen vermitteln. Hier müssen Sie allerdings einen bestimmten Tagessatz bezahlen, der üblicherweise zwischen 10 (ca. 5 €) und 30 DM (ca. 15 €) pro Tag liegt.

Achten Sie darauf, dass die Menschen, bei denen Sie Ihren Hund lassen, nicht nur tierlieb und zuverlässig sind, sondern auch Erfahrung im Hundehüten haben. Denn gerade auf solchen Pflegestellen kommt es sehr oft vor, dass Tiere entlaufen: Die Hunde wollen ihre Menschen suchen – und die Gastfamilie ist nicht gewöhnt darauf zu achten, dass Türen, Terrassen- und Gartentore verschlossen sind.

WICHTIG

Wenn Ihr Hund vertrauensvoll und frei von Verlassensangst ist, wird ihm ein Aufenthalt in einem guten und fröhlichen Tierheim kaum schaden.

Tierpensionen

Diese – viertbeste – Variante wurde extra für die Urlaubsunterbringung von Tieren ins Leben gerufen. Ihre Exklusivität ist ausgesprochen unterschiedlich – und entsprechend natürlich auch der Preis. Manche Pensionen gleichen regelrechten Luxushotels, manche einem billigen Tierasyl. Sie sollten sich auf jeden Fall die gesamte Anlage vorher genau ansehen und möglichst sogar bei anderen »Kunden« nachfragen, in welchem Zustand sie ihr Tier wiederbekommen haben.

Tierheime

Wenn alle Stricke reißen, lässt sich wohl ein vorübergehender Aufenthalt im Tierheim nicht umgehen. Falls Ihr Hund auch von dort stammt und es sich um ein gutes, liebevoll geführtes Heim handelt, das auf die individuellen Bedürfnisse und Nöte seiner Schützlinge einzugehen gewohnt ist und genug Personal oder ehrenamtliche Helfer zum Gassiführen hat, kann das sogar eine recht gute Lösung sein.

Der Große freut sich – sein kleiner Freund kommt eine Zeit lang auf Besuch.

Lösung oder Notlösung

Einen Hund während der Urlaubszeit in »fremde Hände« zu geben, fällt kaum einem Tierfreund leicht und ist eine echte Vertrauenssache. Dazu kommt, dass wie immer es auch hier gilt, die individuelle Hunde-Biografie zu bedenken. Denn es kommt darauf an, was für einen Lebenslauf Ihr »Secondhand-Hund« bisher hatte: Wurde er schon ein paarmal wieder ins Tierheim zurückgebracht, könnte er denken, es sei wieder einmal soweit, und in Panik geraten oder in Depressionen verfallen. Einen solchen Hund sollten Sie möglichst gar nicht in fremde Hände geben. War er jedoch ein fröhlicher Tierheimhund, einer, dem es vielleicht sogar im Tierheim zum ersten Mal in seinem Leben gut ging, wird er immer wieder gern und voller Gelassenheit für kurze Zeit dorthin zurückkehren.

Mitunter ist es geradezu sinnvoll, den Hund wieder in dem Tierheim in Pension zu geben, aus dem man ihn auch bekommen hat. Sollte dies aus irgendeinem Grund nicht möglich sein, vielleicht stammt das Tier ja auch gar nicht vom Tierschutz, dann sollte es wenigstens immer wieder dasselbe Tierheim sein. Dann kennen ihn dort die Pfleger bereits und umgekehrt. Außerdem freuen sich die Tierschützer immer, wenn sie noch Kontakt zu einem ehemaligen Schützling haben können.

Die Preise

Für Pensionshunde richten sie sich im Tierheim nach der Größe und der daran orientierten Verpflegung des Gastes und betragen so zwischen 10 und 30 DM (ca. 5 bis ca. 15 €) pro Tag. Dafür müssen Sie kein Futter mitbringen.

Die Anmeldung

Für die Hauptferienzeiten sollten Sie Ihren Hund rechtzeitig anmelden, da dies die schlimmsten Wochen für ein Tierheim sind. Denn in diesen Wochen werden die meisten Hunde ausgesetzt, und mit entsprechender Überfüllung des Heimes ist zu rechnen.

Es spricht grundsätzlich für einen Tierschutzverein, wenn er eher bei den Pensionshunden einen Aufnahmestop verhängt als bei den Fundtieren. Und das, obwohl er an den einen verdienen würde und bei den anderen nur drauflegt.

> **TIPP** Egal, welche Unterbringungsvariante Sie wählen, es gibt ein homöopathisches Mittel gegen Heimweh, das Sie dem Hund vor Ablieferung auf der Betreuungsstelle verabreichen können. Erkundigen Sie sich beim Tierarzt oder in der Apotheke.

> **WICHTIG**
> Ein aktueller und umfassender Impfschutz ist für eine Unterbringung in Hundehotels, Tierpensionen oder -heimen selbstverständlich absolute Voraussetzung. Sie müssen den gültigen Impfpass vorlegen.

Zur Ernährung

Bei einem Hund aus »zweiter Hand« können Sie sich beim Vorbesitzer oder bei den Pflegern im Tierheim erkundigen, was Ihr Neuzugang am liebsten mag und was er gut verträgt. Vermeiden Sie eine plötzliche Umstellung des Futters.

Wobei Sie aufpassen müssen

Im Allgemeinen sind Hunde keine heiklen Esser. Trotzdem müssen unbedingt die folgenden sechs Regeln beachtet werden:

1. Ein Hund ist nicht der Abfalleimer der Familie!
Experten warnen davor, Hunde mit Tischabfällen zu füttern. Die Vierbeiner sollen auf keinen Fall (stark) gewürzte Speisen essen!
Wenn Sie es sich (wie ich) nicht verkneifen können, Ihrem Hund den Rest eines Steaks von einem Restaurantbesuch mitzubringen, dann waschen Sie die Gewürze so gut es geht ab. Salz ist das einzige Gewürz, das Ihr Hund – allerdings in geringen Maßen – braucht. Übrigens wollen Hunde gerade deshalb manchmal unsere Haut ablecken; besonders wenn es heiß ist und wir Menschen schwitzen, schmeckt sie salzig.

2. Hunde dürfen nie rohes Schweinefleisch fressen – es ist für sie lebensgefährlich!
Schweinefleisch nur gekocht oder gebraten verfüttern. Roh ist es für Hunde nicht nur wegen der Salmonellengefahr tabu, sondern weil es die für den Hund jedoch absolut tödliche »Aujeszkysche Krankheit« übertragen kann. Dies ist eine Herpesviruserkrankung mit tollwutähnlichen Symptomen, auch Pseudo-Wut oder Juck-Seuche genannt. Infizierte Hunde bekommen Lähmungen, Schluckbeschwerden, vermehrten Speichelfluss, einen geradezu rasenden Juckreiz und Scheuertrieb und sterben innerhalb kurzer Zeit qualvoll. Es gibt bisher weder eine Heilung, noch existiert ein Impfstoff, sodass als Vorbeugung nur das Verfüttern rohen Schweinefleisches vermieden werden kann.

INFO Schlachttiere werden nicht auf den Aujeszkyschen Virus untersucht, weil Menschen davon nicht infiziert werden.

Kauknochen aus Büffelhaut sind ein herrliches Spielzeug und dienen der Zahnpflege.

3. Hunde dürfen nie Geflügelknochen bekommen!

Da diese Röhrenknochen leicht splittern, können die Tiere daran ersticken, wenn sie darauf herumkauen. Falls Ihr Hund also beim Spazierengehen einen Knochen findet, nehmen Sie ihn ihm vorsichtshalber lieber weg. Und wenn Sie ihm frisches Geflügelfleisch geben, müssen Sie unbedingt die gefährlichen Knochen herausklauben, auch die allerkleinsten.

In der Fachwelt herrschen unterschiedliche Meinungen über das Verfüttern von Knochen. Auf keinen Fall aber darf ein Hund ausschließlich oder auch nur fast ausschließlich mit Knochen gefüttert werden. Gelegentlich ein Gelenkknochen vom Rind mit viel Knorpel schadet nicht.

Bei Hunden, die zu Verdauungsstörungen und zu Verstopfung neigen, sollten Knochen ganz tabu sein. Den Beschäftigungs- sowie den Zahnreinigungseffekt kann man auch durch Büffelhautknochen und -kaustäbchen oder durch Hundekuchen erzielen. Bei Letzteren müssen Sie allerdings an die Kalorien denken und die Futterration im Napf entsprechend reduzieren. Wenn Sie ansonsten nicht sicher sind, was Ihr Hund essen darf, fragen Sie Ihren Tierarzt.

TIPP Geflügelfleisch mit Knochen können Sie – am besten gleich zusammen mit einer Karotte – durch den Fleischwolf drehen und so Hähnchenreste optimal und risikolos verwerten. Knorpel und Knochenmark sind nämlich eine sehr gute Nahrung für den Hund.

INFO Nach einer Kastration kann es vorkommen, dass ein Tier zunimmt. Achten Sie deshalb nach solch einer Operation verstärkt auf die richtige (kalorienarme) Ernährung und auf viel Bewegung.

4. Übergewicht schadet der Gesundheit
Übergewicht ist eine richtige Zivilisationskrankheit unserer Zeit, von der mittlerweile nicht nur wir Menschen, sondern auch viele Haustiere betroffen sind. Natürlich sind viele Hunde ausgesprochen verfressen. Und wenn dann noch Bewegungsmangel hinzukommt, kann das fatale Folgen haben.

Für sein Übergewicht ist nicht der Hund, sondern dessen Besitzer verantwortlich. Und der sollte sich bewusst machen, dass er seinem dicken Hund einiges zumutet: Beschwerden wie Kurzatmigkeit, wenig Kondition, verminderte Lebensqualität und – noch schlimmer – eine kürzere Lebenserwartung. Also, dann bitte abspecken, selbst wenn es Nerven kostet wie bei jeder Menschen-Diät auch!

5. Hunde sollten nicht nach der Mahlzeit, sondern davor spazieren gehen
Vor allem große Hunde sollten unmittelbar nach dem Fressen erst einmal ruhen, denn so lässt sich der oft tödlichen Magendrehung vorbeugen. Berücksichtigen Sie das bitte bei der Planung gemeinsamer Unternehmungen. Eine weitere Vorbeugungsmaßnahme ist es, besonders große Tiere wie zum Beispiel Doggen lieber zweimal am Tag zu füttern als einmal, natürlich mit derselben Futtergesamtmenge.

6. Hunde sind grundsätzlich Fleischesser!
Auch wenn Sie selbst Vegetarier sind, dürfen Sie Ihren Hund nicht fleischlos ernähren, denn sein ganzer Verdauungstrakt ist auf das Verarbeiten von Fleisch ausgerichtet. Daher kommt es einer Tierquälerei gleich, dem Hund dies vorzuenthalten.

Einzige Ausnahme bilden Hunde, die an entsprechenden Allergien leiden, was aber nur sehr selten vorkommt.

Allerdings ist es auch falsch, einen Hund ausschließlich mit Fleisch zu ernähren. In unseren zahmen Haushunden steckt noch viel von ihren wilden Vorfahren, den Wölfen. Von den Beutetieren – meistens sind das Pflanzenfresser wie Hasen, Kaninchen oder Rehe – fressen Wölfe zuerst den Magen und den Darm samt dem halbverdauten Pflanzenbrei. Eine im wahrsten Sinnde des Wortes gesunde Mischkost mit Kartoffeln, Reis und Gemüse ist dagegen optimal. Dosen- oder Trockenfutter (Alleinfutter) enthält auch sowohl tierische als auch pflanzliche Zutaten.

TIPP Haben Sie eine Gefriertruhe, so kaufen Sie Vorräte en gros und frieren sie portionsweise ein. Halten Sie besonders große oder mehrere Hunde, so stellen Sie fest, ob Sie nicht größere Fleischmengen günstig direkt beim Schlachthof oder im Hundefutter-Discountmarkt kaufen können.

Der Hunde-Speisezettel

Immer wieder besagen Untersuchungen, dass am handels-
üblichen Dosenfutter nichts auszusetzen sei und dass es alles
enthalte, was für eine artgerechte Hunde-Ernährung notwendig ist. Trotzdem sollten Sie besser die Futtermarke regelmäßig wechseln und so oft wie möglich Frischfleisch vom
Metzger zufüttern:

Lunge
Gekochte Lunge bringt Abwechslung, schmeckt vielen Hunden besonders gut und kostet nicht viel, enthält aber keiner-
lei Nährwerte. Sie macht also einfach nur satt und sollte daher nur ab und zu angeboten werden.

Pansen
Rindermagen ist für Hunde etwas ganz Tolles und außerdem
noch sehr gesund. Besonders nährstoffreich ist der grüne
Pansen, der noch von der Kuh unverdaute Nahrung enthält.
Leider stinken Pansen und Lunge beim Kochen ganz entsetz-
lich; nehmen Sie das aber bitte in Kauf, denn Sie bekommen
hier ein wunderbares artgerechtes Futter für Ihren Hund.

Schlund
Ihn halten gleichfalls viele Metzgereien für Hundehalter bereit
und er stellt eine sinnvolle und gesunde Abwechslung auf
dem Speiseplan dar.

Rinderhackfleisch
Tatar ist zu teuer, um häufig das Hundemenü
zu bereichern. Gönnen Sie es Ihrem Vierbeiner,
wenn er sich nicht wohl fühlt und ein wenig
gepäppelt werden muss – etwa nach einer Krankheit.
Außerdem eignet es sich gut für Welpen und hier sogar
als erstes Futter nach oder parallel zur Mutter- oder Welpen-
aufzuchtsmilch.

Kalbsknochen
Falls Ihr Hund Knochen verträgt, so sollte er ab und
zu einmal einen schönen Kalbsknochen mit viel
Knorpel spendiert bekommen.

TIPP Ab und zu sollten
Sie Ihrem Hund
einen Löffel Ho-
nig und ein Ei ins
Essen geben. Wegen der
Salmonellengefahr bitte
nur gekochte Eier ver-
füttern. Viele Hunde mö-
gen auch gerne gekoch-
ten (und entgräteten)
Fisch.

*Die Edelstahlnäpfe
am Ständer wach-
sen mit: Die Höhe
ist verstellbar.*

TIPP Ein Stück milder Käse eignet sich bestens als kleine Belohnung beim Erziehungstraining.

Trockenfutter

Für unterwegs eignet sich natürlich Trockenfutter. Allerdings müssen Sie dann noch mehr als sonst darauf achten, dass das Tier genügend trinkt. Keinesfalls aber sollten Sie ausschließlich Trockenfutter geben, nur weil es praktisch ist und weniger Arbeit macht.

Beifutter

Mischen Sie entweder Haferflocken oder spezielle Hundeflocken unters Fleisch. Viele Hunde lieben auch Nudeln. Besonders geeignet ist Reis in all seinen Varianten, er ist gut fürs Fell.

WICHTIG
Tiere aus dem Süden, die bisher nur von Müll oder trockenem Brot gelebt haben, müssen mitunter behutsam auf normale Hundekost umgestellt werden – etwa indem man Brot oder Brötchen erst einmal mit Wurst oder Tatar bestreicht und dann schrittweise den Wurst- oder Fleischanteil erhöht.

Kartoffeln

Über Kartoffeln im Hundefressnapf gehen die Expertenmeinungen auseinander. Meiner Meinung nach werden sie jedoch – genau wie in der Humanernährung – zu Unrecht verteufelt. Stattdessen bieten gekochte Kartoffeln eine wunderbare Möglichkeit, verfressene Hunde auf kalorienarme Weise satt zu bekommen.

Sonstiges

Gut für die Zähne und daher wichtig für Hunde, die keine Knochen essen sollen, ist eine Brotkante zum Knabbern. Noch gesünder sind Karotten (für Augen und Gebiss). Falls ein Hund sie nicht mag, bestreicht man sie mit Schmalz oder wickelt sie in eine Wurstscheibe ein (das gilt auch für eine verschmähte Brotkante) oder man reibt sie dem Hund einfach »heimtückisch« ins Futter. Übrigens: Manchmal verhalten sich Hunde in puncto Essen wie kleine Kinder. Sie essen mit Begeisterung etwas, wenn sie irgendwo zu Besuch sind, was sie zu Hause nicht anrühren würden.

Hunde fressen Kartoffeln meistens recht gerne.

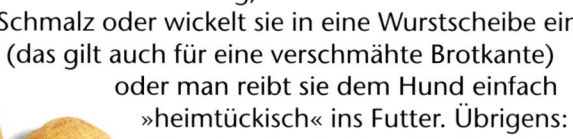

Milchprodukte

Auch bei Milch und Milchprodukten scheiden sich die Geister. Viele Hunde lieben Milch, manche bekommen davon aber Durchfall. Über das Für und Wider sprechen Sie am besten mit Ihrem Tierarzt, denn jedes Tier ist anders und er kennt Ihren Hund. Dass jedoch Käse den Geruchssinn der Hunde schädigen würde, hat sich inzwischen absolut als Märchen erwiesen. Magerquark unter das Futter gemischt kann übrigens auch gut dabei helfen, einem übergewichtigen Hund ohne zu hungern zum Abnehmen zu verhelfen.

Zusätzliche Leckereien

Apropos Belohnung und Nascherei: Falls Sie Ihrem Hund zwischendurch ein Leckerli zustecken möchten, nehmen Sie keine Süßigkeiten, sondern Hundekuchen oder -kräcker. Viele Hunde begnügen sich auch mit einer Scheibe Knäckebrot. Manche freuen sich über eine Hefetablette und die ist dann zusätzlich noch gesund und gut fürs Fell.

Vitamine und Mineralien

Auch für Hunde gibt es Vitamintabletten. Doch die sind sicher überflüssig, wenn ein Tier abwechslungsreich und ausgewogen ernährt wird und gesund ist. Es gibt jedoch eine ganz einfache und kostenlose Methode, dem Hundemenü Mineralien und Vitamine zuzuführen: Benutzen Sie das Wasser, in dem Sie Ihr Gemüse gekocht haben, um das Futter anzurühren. Es ist eine bedauerliche Verschwendung, dass täglich viele wertvolle Ernährungsbestandteile in den Ausguss gekippt werden!

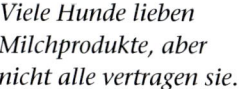

Viele Hunde lieben Milchprodukte, aber nicht alle vertragen sie.

Zur Körperpflege

TIPP Aus ausgebürste-
tem Hundehaar
kann man sogar
Wolle spinnen las-
sen. Die Schauspielerin
Rosemarie Fendel zum
Beispiel schwört auf
selbst gestrickte Kuschel-
decken aus den Haaren
von Tervueren-Rüde
Xaron.

Ein hochbeiniger Kurzhaariger ist natürlich viel pflegeleich-
ter als ein kurzbeiniger Langhaariger. Und die Fellpflege
»wandelnder Flokatis« à la Bobtail sowie die von Afghanen,
Chow-Chows und etlichen Schlittenhunderassen kann manchen Hundebesitzer zur Verzweiflung bringen.

Bürsten ist wichtig

Alle Hunde sollten Sie, sooft Sie Zeit haben, bürsten – min-
destens jedoch einmal pro Woche. Vorteile:
● Sie haben einen gepflegten Hund mit glänzendem Fell. Bei
langhaarigen Hunden bleiben auch die »Waldreste« in der
Bürste hängen.
● Es fliegen deutlich weniger lose Tierhaare in der Wohnung
herum.
● Sie können mögliche Verletzungen, Schwellungen, Warzen,
Tumoren, Hautkrankheiten und auch Ungeziefer entdecken.

*Auch dieser Hund
genießt es sichtlich, von
Frauchen liebevoll
gebürstet zu werden.*

Baden muss manchmal sein

Nach einer alten Regel soll man einen Hund höchstens einmal im Jahr so richtig mit Seife oder Shampoo baden, da er
sonst seine natürliche Fettschicht und damit seinen Haut-
schutz einbüßt. Schön und gut, aber was tun, wenn der Ra-
bauke sich mit Begeisterung in Kuhfladen, auf frisch mit Jau-
che gedüngten Feldern, auf Misthaufen oder – noch
unangenehmer – in Kadavern wälzt, also nach Hundeart
»parfümiert«? Antwort: natürlich einseifen und abduschen.

> **TIPP** Lassen Sie beim Tierarztbesuch regelmäßig den Zustand der Zähne kontrollieren und entscheiden Sie dann gemeinsam mit dem Arzt, ob überhaupt etwas zu tun ist, und wenn, was.

Das leidige Zahnsteinproblem

Manche Leute meinen, man müsse zumindest jedem älteren
Hund am besten täglich die Zähne putzen. Das sollen die
aber doch erst einmal vormachen … Andere dagegen glauben, die unerwünschten Beläge von Zeit zu Zeit einfach mit
dem Fingernagel abschaben zu können.

Tatsache ist: Um so gesünder und ausgewogener ein Hund
ernährt wird, desto geringer ist die Gefahr der Zahnsteinbildung – vor allem, wenn er regelmäßig harte Sachen kräftig
kauen muss!

Allerdings beobachten Tierärzte, dass gerade Rassehunde
wie Pudel, Yorkshireterrier, Pekinese und andere schon in
jungen Jahren zur Zahnsteinbildung neigen. Wenn es ganz
schlimm ist, muss man die Beläge unter Narkose (!) vom Tierarzt entfernen lassen – eine aufwendige Prozedur, die zudem
auch noch wiederholt werden muss.

> **TIPP** Nach einer bewussten »Parfümierung« geht es nicht ohne Badezusatz. Verwenden Sie dann aber ein spezielles Hundeshampoo oder ein noch sanfteres Produkt aus der Babypflege – vor allem, wenn die Prozedur öfters vorkommt.

> **INFO** Über die Vermeidung und Behandlung von Zahnstein sind selbst die Veterinäre so unterschiedlicher Meinung, dass ich keinen allgemein gültigen Rat geben möchte.

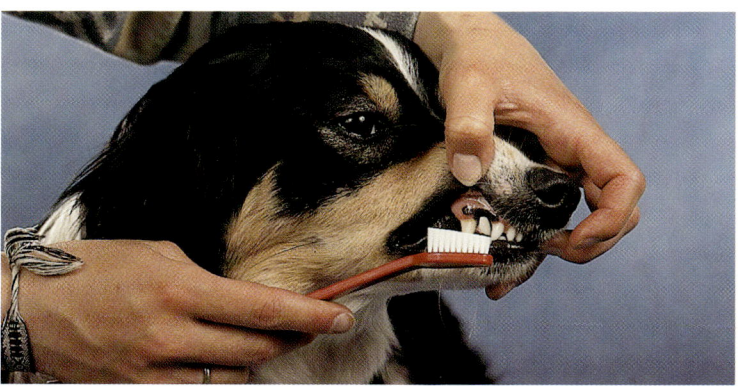

*Zähneputzen lassen sich
nur wenige Hunde
geduldig gefallen.*

TIPP Wenn ein Hund aus irgendeinem Grund sowieso in Narkose gelegt werden muss, empfehlen viele Veterinäre, dabei gleich auch eine prophylaktische Entfernung der überflüssigen Wolfskralle an der Hinterhand vorzunehmen.

Krallenpflege

Falls bei einem alten oder ungepflegten Tier, zum Beispiel bei einem herrenlosen Straßenhund, die so genannte »Wolfskralle«, also die fünfte Kralle, sozusagen der »Daumen« der Hundepfote, bereits in die Haut eingewachsen ist, muss sie natürlich vom Tierarzt entfernt werden.

Aber außer mit dieser Wolfskralle sollte es eigentlich keine Krallenprobleme beim Hund geben. Vielmehr weisen überlange Krallen bei einem gesunden Hund darauf hin, dass er zur Schande des Besitzers zu wenig Auslauf hat.

Buddeln statt Schneiden

Um Krallenschneiden zu vermeiden, sollten Sie zusätzlich zu ausgiebigen Spaziergängen Ihren Vierbeiner so oft wie möglich zum Buddeln im Sand animieren. Denn Sand hat die Wirkung von Schmirgelpapier und dadurch werden die Krallen genügend kurz gehalten. Im Idealfall profitiert vom Buddeln sogar die Wolfskralle.

Versuchen Sie, so lange es geht, die Krallen auf solch natürlichem Wege kurz zu halten. Denn wenn Sie einmal mit dem Schneiden angefangen haben, können Sie kaum wieder aufhören, weil die Krallen dann auch wieder entsprechend schneller nachwachsen.

Buddeln ist eine einfache und spannende Methode, die Krallen abzuwetzen.

Sonderfall alter Hund

Anders verhält es sich bei einem sehr alten, gebrechlichen oder kranken Tier, das nicht (mehr) so viel läuft beziehungsweise nicht mehr laufen kann. Hier sollten Sie die Krallen bei jedem Tierarztbesuch kontrollieren und gegebenenfalls kürzen lassen.

Wollen Sie das Kürzen selbst durchführen, so gibt es dafür spezielle Krallenschneider für 12 bis 20 DM (ca. 6 bis 10 €) zu kaufen. Wagen Sie sich aber wirklich nur dann daran, wenn Sie hundertprozentig wissen, wo Sie den Schnitt ansetzen müssen, denn sonst können Sie den Hund schlimm verletzen. Im Zweifelsfalle gehen Sie besser doch zum Veterinär!

Der Kampf gegen die Parasiten

Auch der gepflegteste Hund wird immer wieder einmal von Ungeziefer befallen, Das sollte Ihnen nicht peinlich sein, ist allerdings ein Grund zum Handeln, denn die Parasiten beeinträchtigen Wohlbefinden und Gesundheit des Tieres.

ACHTUNG
Reißen Sie eine Zecke niemals gewaltsam heraus, denn dann bleibt der Kopf in der Hundehaut und kann sich entzünden.

Zecken

Drehen Sie Zecken oder Holzböcke am besten einfach mit einer speziellen Zeckenzange heraus. Sie können auch eine Pinzette nehmen, aber mit der Zeckenzange geht es viel leichter, vor allem, wenn Sie gleichzeitig drehen, den Hund festhalten und dessen Haare auseinander ziehen müssen.

Die Methode, die Zecke mit einem Öltropfen zum Loslassen zu bringen und zu ersticken, ist unsicherer und dauert länger. Außerdem sondern Zecken nach neuesten wissenschaftlichen Erkenntnissen im Todeskampf noch giftige Körpersäfte in den Körper ihres Opfers ab, sodass es auf jeden Fall besser ist, die Blutsauger lebend zu entfernen.

Kontrollieren Sie nach dem Herausdrehen, ob das Vieh noch »vollständig« ist, und machen Sie ihm dann den Garaus. Einfach in den Garten oder aus dem Fenster schnicken allein genügt dabei allerdings nicht, denn diese Parasiten sind äußerst zäh. Sie können unglaublich lange ohne jegliche Nahrung auskommen, erholen sich und suchen sich anschließend neue Opfer aus.

Kunststoff-Zecken-zange
Die praktischen Kunststoffzangen gibt es für ca. 10 DM (ca. 5 €) in der Apotheke, beim Tierarzt oder im Zoohandel.

Flöhe

Auf keinen Fall sollten Sie ein Flohproblem auf sich beruhen lassen – nach dem Motto: Es hat sowieso jeder Hund Flöhe. Das ist ein dummes Vorurteil. Und chronischer Flohbefall kann andere Krankheiten nach sich ziehen, zum Beispiel eine Bandwurminfektion.

Es gibt nun verschiedene Methoden: Entweder Sie baden Ihr Tier in einem speziellen Anti-Floh-Bad oder Sie besprühen es mit einem entsprechenden Mittel. In beiden Fällen müssen Sie unbedingt auch die Lieblings- und Stammplätze des Hundes mit behandeln.

Zecke

Floh

Kriechöl im Nacken

Inzwischen gibt es auch eine sehr einfache und sichere neue Methode, nämlich eine Flüssigkeit, die Sie dem Hund am Genick ins Fell drücken und die sich anschließend über den ganzen Hundekörper verteilt und die Plagegeister von innen heraus vergiftet. Allerdings vergiftet sie natürlich auch das Blut des Hundes, was dieser jedoch in der Regel gut verkraftet.

Die Dosierung hängt von Größe und Körpergewicht des Tieres ab und sollte ganz genau beachtet werden.

Zwei Nachteile birgt diese Behandlung in sich:

● Bei Jungtieren darf sie noch nicht angewandt werden, da sie deren Wachstum beeinträchtigen könnte.

● Vor allem Kinder sollten das Tier in den nächsten 3 Tagen nicht streicheln; aber das gilt bei Flohpuder und Ähnlichem ja auch.

Die Schutzwirkung hält 14 Tage an, danach muss aufgefrischt werden. Daher ist es empfehlenswert, sich den Verabreichungstag im Kalender zu kennzeichnen, damit man weiß, wann die Behandlung wiederholt werden muss.

> **WICHTIG**
> Diese Maßnahmen müssen spätestens nach 10 Tagen wiederholt werden, weil dann eine neue Flohgeneration schlüpft.

Das Ungezieferhalsband müssen die Hunde auch in der Wohnung tragen.

Ungezieferhalsbänder haben Nachteile

● Bei einem Hund, der häufig ins Wasser springt, verlieren sie rasch ihre Wirkung.

● Sie stellen eine permanente Giftquelle dar, das heißt, streichelnde (Kinder-)Hände müssen ständig fern gehalten werden.

● Manche Hunde reagieren allergisch und mitunter sogar mit stellenweisem Haarausfall.

● Jedes zusätzliche Halsband stellt auch eine zusätzliche Gefahr dar, weil ein aktives Tier damit irgendwo hängen bleiben kann.

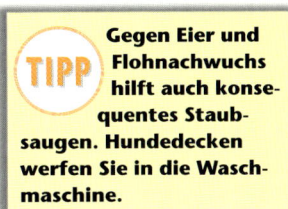

TIPP Gegen Eier und Flohnachwuchs hilft auch konsequentes Staubsaugen. Hundedecken werfen Sie in die Waschmaschine.

Streuner und Parasiten

Bei Tieren aus dem Süden und anderen Ex-Streunern können Sie eigentlich davon ausgehen, dass sie voller Zecken und Flöhe sind, die aber nur in Ausnahmefällen auch auf den Menschen gehen. Warten Sie also ruhig mit den Gegenmaßnahmen, bis das Tier sich so an Sie gewöhnt hat, dass es keine Angst mehr hat.

Tierheimhunde und Parasiten

Bei Tierheimschützlingen sollten Sie die Pfleger nach etwaigem Flohbefall fragen. Ansonsten erkennen Sie ihn, wenn nicht an den Flöhen selbst, so doch an deren auffälligen schwarzen Kotkrümeln, die im Kamm hängen bleiben. Wenn sich diese winzigen Pünktchen auf einem weißen Blatt Papier mit etwas Flüssigkeit verschmiert rot (weil Hundeblut) verfärben, dann ist dies ein sicherer Hinweis auf Flohbefall. Die Bekämpfung stellt nicht nur eine hygienische und pflegerische Maßnahme dar, sondern auch einen Beitrag zur Gesundheitsvorsorge.

Knoblauch und Duftstoffe

Wer Flöhe und Zecken ganz ökologisch bekämpfen möchte, und wer möchte das nicht, der greift gern auf eine Reihe von Duftölen zurück, die dann in geringen Mengen dem Tier aufs Fell geträpfelt werden. Doch genau wie das alte Hausrezept Knoblauch nicht nur gegen große, sondern auch gegen kleine Vampire helfen soll, wirken auch die – in der Tat wohlriechenden – ätherischen Öle wenn überhaupt, dann nur prophylaktisch.

Die Wurmkur

Ein Welpe muss unbedingt mehrmals entwurmt werden. Wenn Sie den Kleinen aus dem Tierheim holen, können Sie hoffen, dass dies schon erledigt oder zumindest bereits damit begonnen worden ist. Die Kosten dafür entrichten Sie mit Ihrer Vermittlungsspende oder -gebühr. Die hier übliche Entwurmung richtet sich allerdings meist nur gegen Spulwürmer.

Spulwürmer

Wenn Sie einen Welpen von der Straße oder aus dem Süden mitnehmen, müssen Sie ihn entwurmen, weil schon im Mutterleib die Spulwürmer seiner Mutter auf ihn übertragen wurden. Das ist völlig normal. Die Spulwürmer gehen mit der Wurmkur ab und das Problem kann – je nach Befall – zunächst einmal mehr oder weniger schnell und unproblematisch gelöst werden. Erschrecken Sie nicht, wenn Sie bei starkem Befall die unappetitlichen Würmer im Kot herumwuseln sehen – das zeigt nur, dass die Wurmkur ihren Zweck erfüllt. Ansonsten ist ja ein Hund aus »zweiter Hand« normalerweise bereits gegen Spulwürmer behandelt worden. Sie brauchen dann nur noch beobachten und von Zeit zu Zeit den Kot Ihres Tieres kontrollieren.

Wenn Sie Würmer entdecken, führen Sie natürlich sofort eine Wurmkur durch. Wenn nicht, lassen Sie den Kot trotzdem sicherheitshalber von Zeit zu Zeit vom Tierarzt genau untersuchen. Denn nur wenn er Wurmbefall feststellt, ist erneut eine Kur nötig.

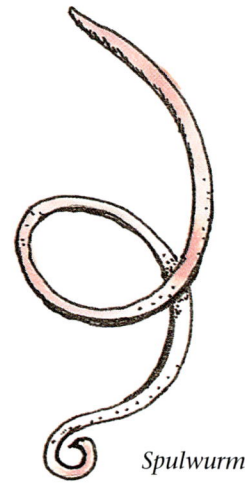

Spulwurm

Bandwürmer

Die Eier des Bandwurms werden bei der Kotanalyse im Labor allerdings leider nicht aufgespürt. Achten Sie daher auf reiskornartige Gebilde, die im Afterbereich des Hundes haften oder in seinem Kot bereits mit bloßem Auge zu erkennen sind, denn das sind mit hoher Wahrscheinlichkeit ausgetretene Bandwurmglieder, die eine sofortige gezielte Wurmkur unvermeidlich machen! Fragen Sie den Tierarzt, welches Mittel das beste ist.

Bandwurm

> **WICHTIG**
>
> **Erkundigen und notieren Sie sich ganz genau, wann, wie oft und mit welchem Mittel Ihr neuer Hausgenosse entwurmt worden ist, schon damit Sie diese wichtigen Informationen an Ihren Tierarzt weitergeben können.**

Wenn der Hund der beste Freund ist, sollten keine Parasiten mit im Spiel sein.

Schlittenfahren

Ein anderer Hinweis auf Bandwürmer könnte vorliegen, wenn Ihr Hund »Schlitten fährt«, das heißt, er wetzt mit dem After am Boden entlang, indem er sich nur mit den Vorderpfoten vorwärtszieht und Hinterpfoten und Hinterteil nachzieht. Er reagiert so auf den Juckreiz, der durch ausgeschiedene Wurmglieder am After hervorgerufen wird. »Schlittenfahren« muss aber nicht unbedingt auf Würmer hindeuten; manchmal versuchen die Hunde auf diese Weise, ihre Analdrüse auszudrücken. Ob das nötig ist, kann der Tierarzt rasch feststellen und es dann gegebenenfalls auch gleich machen.

Bandwurm-Bekämpfung

Während das Spulwurmproblem recht gut in den Griff zu bekommen ist, können Sie allerdings Bandwürmer mit der üblichen Spulwurmpaste nicht erwischen. Um sie im Hund abzutöten, gibt es eine spezielle Tablette.

Auch hier orientiert sich die Dosis am Gewicht und die Behandlung muss innerhalb von 10 Tagen wiederholt werden. Beraten Sie sich darüber mit Ihrem Tierarzt.

> **WICHTIG**
> **Vor allem, wenn Ihr Hund mit Klein- und Krabbelkindern engen Kontakt hat, sollten Sie regelmäßige Kotkontrollen und – wenn nötig – Wurmkuren durchführen.**

TIPP Bei einem Hund, der schon ein zweistelliges Alter erreicht hat, kann man auf die Staupe- und Hepatitisimpfung verzichten.

Die Impfungen

Regelmäßige Impfungen – für jeden verantwortungsvollen Hundehalter eine Selbstverständlichkeit – stellen die Basis jeglicher Gesundheitsvorsorge dar. Und sie sind die Voraussetzung dafür, dass Ihr Hund einen Impfpass bekommt und den braucht er ja auch, wenn Sie mit ihm ins Ausland fahren.

Hunde, die Sie von Strand oder Straße »wegadoptieren«, sollten Sie sowieso grundsätzlich baldmöglichst tierärztlich untersuchen und dabei auch gleich impfen lassen.

Nach der Grundimmunisierung

Tierheiminsassen sind in der Regel geimpft, sodass Sie wahrscheinlich erst ca. 1 Jahr nach der Vermittlung erstmals nachimpfen lassen müssen. Ihr Tierarzt kann den richtigen Zeitpunkt dem vom Tierschutzverein mitgegebenen Impfpass entnehmen.

Wiederholungsimpfungen sind unbedingt jährlich durchzuführen gegen
● Tollwut + Leptospirose
● Staupe + Hepatitis c.c. (Infektiöse Leberentzündung) und gegen
● Parvovirose

Leptospirose und Parvovirose

Leptospirosegefährdet sind vor allem Hunde, die zur Jagd auf Nagetiere eingesetzt werden und die viel ins Wasser gehen.

Seit den 80er-Jahren tritt bei uns in Europa eine neue Hundekrankheit auf: die Parvovirose. Ihr populär-deutscher Name Katzenseuche ist missverständlich, denn mit Katzen hat diese Viruskrankheit gar nichts zu tun. Welpen sollten unbedingt gegen Parvovirose mitgeimpft werden, denn bei Jungtieren verläuft die Infektion schnell tödlich.

Besonders bei Tieren aus dem Ausland achten Tierschützer auf alle Impfungen.

Ob es ratsam ist, auch einen erwachsenen Hund dagegen zu impfen, besprechen Sie am besten mit Ihrem Tierarzt. Jedenfalls sollten alte Hunde geimpft werden, da sie – wie die Welpen – der Parvovirose keine ausreichenden Abwehrkräfte entgegensetzen können.

Beide Krankheiten sind tückisch und wenn sie einmal ausgebrochen sind, dauert es meist lange und bedarf ständiger Pflege, bis das Tier geheilt ist.

Sterilisation und Kastration

Wie erwähnt tritt die Läufigkeit zweimal im Jahr für je etwa 3 Wochen auf. Im Gegensatz zum Menschen sind die Hündinnen gerade während dieser Zeit empfängnisbereit, und zwar vor allem im letzten Drittel der Periode, wenn die Blutung bereits wieder abgeklungen ist. Dann befinden sie sich auch in der richtigen Paarungsstimmung.

Wenn Sie nicht ganz sicher sind, ob Sie Ihr Tier immer so unter Kontrolle haben, dass Sie eine Befruchtung verhindern können, sollten Sie sich – mit Blick auf unsere überfüllten Tierheime sowie auf die Unzahl todgeweihter herrenloser Streuner in Südeuropa und anderswo – überlegen, ob Sie Ihren Hund oder Ihre Hündin nicht unfruchtbar machen lassen sollten.

Angehörige so genannter Kampfhundrassen müssen seit Sommer 2000 sogar kastriert oder sterilisiert werden, damit dem Unwesen, das mit diesen Hunden von verantwortungslosen Menschen getrieben wird, ein Ende bereitet wird. Die Hunde sind die Leidtragenden.

> **INFO** Es ist ein hartnäckiges Vorurteil, dass Hündinnen immer sterilisiert und Rüden kastriert werden, dass also die jeweilige Operation geschlechtsspezifisch festgelegt sei. Dem ist nicht so.

Sterilisation
Sie bedeutet lediglich, dass den Weibchen die Eileiter und den Rüden die Samenleiter durchtrennt werden. Die Tiere können sich dann zwar nicht mehr fortpflanzen, bleiben jedoch sexuell aktiv – mit all den damit verbundenen Nachteilen.

Kastration
Bei diesem Eingriff dagegen werden den Hündinnen die Eierstöcke und in der Regel gleich auch die Gebärmutter und den Rüden die Hoden entfernt. Damit ist dann auch der Sexualtrieb erloschen.

Verschiedene Begleiterscheinungen:
● Angenehmer Nebeneffekt: Kastrierte Rüden werden sanfter und verlieren an Schärfe, Aggression und Dominanzverhalten.
● Unangenehmer Nebeneffekt: Sowohl Rüden als auch Hündinnen neigen manchmal nach der Operation zur Leibesfülle, wenn Sie nicht konsequent auf eine angemessene Kalorienzufuhr achten sowie darauf, dass das Tier viel Auslauf und Bewegung hat.

TIPP Falls Sie einen Rüden und eine Hündin gemeinsam halten, sollten Sie den Rüden kastrieren lassen. Das ist nicht nur die einfachere und günstigere Operation. Hündinnen haben darüber hinaus manchmal nach einer Kastration Probleme, den Urin zu halten.

Wesensänderungen

Immer wieder wird behauptet, dass kastrierte Hunde ihr Wesen mehr oder weniger stark verändern, indem sie faul und phlegmatisch werden. Doch das können Sie ganz einfach vermeiden, wenn Sie den Eingriff erst vornehmen lassen, sobald sich beim erwachsenen Tier auch die Charaktereigenschaften schon nachweislich entwickelt haben.

Ehemalige Strand- und Straßenhunde aus dem Süden zeigen unter Umständen auch nach ihrer »Adoption« wenn nicht direkt eine Neigung zum Streunen und Ausbüxen, so doch zumindest ein ausgeprägtes Bedürfnis nach Freiheit und Selbstständigkeit und gehen ihre Gassirunde auch schon einmal ohne menschliche Begleitung. Eine Kastration verhindert hier nicht nur Trächtigkeiten, sondern macht in der Regel den Streuner auch häuslicher. Und sie ist die wirksamste Maßnahme gegen Scheinschwangerschaften, unter denen so viele Hündinnen leiden. Doch – wie gesagt – nicht nur die gesundheitlichen Gründe sowie das weniger aggressive Wesen kastrierter Tiere sprechen für den Eingriff, auch der ethische, damit es nicht so viel Hundeleid auf der Welt gibt.

Nach der Kastration sind die meisten Hunde munter wie eh und je.

Tiervermittlungssendungen im Fernsehen

wöchentlich:

HR
Herrchen gesucht
Herrenlose Tiere suchen ein Zuhause
Sendeplatz: Montag, 19 Uhr
Wiederholung: Dienstag, 11 Uhr

MDR
Tierisch tierisch
Tiere suchen Freunde
Sendeplatz: Mittwoch, 19 Uhr
Wiederholung: Donnerstag, 14.30 Uhr

WDR
Tiere suchen ein Zuhause
ServiceZeit Tiere
Sendeplatz: So, 18.15 Uhr
Wiederholung: Mittwoch, 11 Uhr

monatlich:

ORB
Tiere suchen Menschen
In gute Hände abzugeben
Sendeplatz: Sonntag 19 Uhr

BR
Wir suchen ein Zuhause
Sendeplatz: Sonntag 17.30 Uhr

Sollten sich die Sendetermine kurzfristig geändert haben, so erkundigen Sie sich bitte beim Sender nach dem jeweiligen Ausstrahlungsplatz.
Ein Anspruch auf Vollständigkeit kann bei dieser Auflistung nicht erhoben werden.

SPECIAL

Alltag mit einem Senior

Wenn Ihr Hund an Ihrer Seite alt geworden ist, kennen Sie einander in- und auswendig. Für das gegenseitige Verstehen genügt oft ein Blick oder eine Bewegung. Hat Ihr Hund eine schöne Zeit mit Ihnen verlebt, ist sein Vertrauen Ihnen gegenüber grenzenlos. Und sowohl wortlose Verständigung als auch inniges Vertrauen werden Ihnen beiden nun helfen, mit dem Alter des einen umgehen zu lernen.

Langsam schleichen sich jetzt Veränderungen in den Alltag ein. Oft beginnt es damit, dass der Hund nicht mehr gut sehen und/oder hören kann. Wenn erst einmal nur eines der beiden Sinnesorgane nachlässt, wird er verstärkt seine anderen Sinne einsetzen. Sie merken es daran, dass er sich beim Spaziergang häufiger nach Ihnen umsieht, weil er Ihr Rufen nicht mehr hört. In fremder Umgebung wird er mehr in Ihrer Nähe bleiben.

Probleme mit Gelenken

Große und schwere Hunde bekommen zuerst mit Gelenken und Knochen Schwierigkeiten. Eine Hüftgelenksdysplasie, die bisher vielleicht durch Muskeltraining und guten Allgemeinzustand in Grenzen zu halten war, entwickelt sich nun zum echten Problem.

Oder dem Senior macht eine Altersarthrose zu schaffen: Treppensteigen geht immer schlechter und irgendwann gar nicht mehr. Haben Sie ein Haus, schläft der Hund jetzt lieber im Parterre, oder Sie müssen ihn tragen.

Aber was tun, wenn der Hund zu groß und zu schwer und seine Menschen selbst zu alt und zu schwach sind, um ihn zu tragen? Was tun, wenn der Bernhardinermischling in einer Dachwohnung lebt und kein Fahrstuhl im Haus ist? Fragen, auf die ich keine Antwort weiß, aber Fragen, die sich jeder Hundebesitzer frühzeitig stellen sollte!

Wichtiger Hinweis: Ein paar Alterserscheinungen können medikamentös erträglich gemacht werden. Gegen die Folgen von HD und Arthrose gibt es Tabletten, Beifutter und Aufbauspritzen.

Alltägliche Veränderungen

Viele Alltagsprobleme dagegen lassen sich lösen. Falls Ihr Hund nicht mehr allein ins Auto einsteigen kann, helfen Sie ihm, indem Sie im richtigen Moment die Hinterpfoten hineinheben. Er wird sie Ihnen schon entgegenstrecken und mit dem Einsteigen warten, bis Sie helfen, denn er verlässt sich auf Sie. Vielleicht können Sie ihm sogar einen Tritt oder eine kleine Rampe bauen, damit er weiterhin problemlos allein einsteigen kann?

Spazierengehen

Beim Gassigehen läuft er nun nicht mehr vor Ihnen, sondern trottet langsam hinterher. Bei Arthrose ist es übrigens gut, wenn der Senior sich warmlaufen kann und die Spaziergänge nicht zu kurz sind. Überhaupt tut dem alten Hund Bewegung in frischer Luft nach wie vor äußerst gut. Da geht es den Hunden nicht anders als den Menschen.

Ein alter Hund wird die meiste Zeit des Tages in seinem Körbchen verbringen.

Altersweisheit

Angenehm sind die Altersweisheit und die ruhige Souveränität, die Ihr Hund nun entwickelt. Er steht jetzt mehr über den Dingen, muss nicht mehr unbedingt jeden Rüden zum Duell fordern, Radfahrer verbellen und Katzen jagen.

Vielleicht ist er aber auch einfach zu bequem dazu oder körperlich nicht mehr in der Lage. Tatsache ist, dass die Spaziergänge jetzt viel friedlicher verlaufen.

Zu Hause wird er viel häufiger auf seinem Hundeplatz liegen und friedlich schlafen. Stören Sie ihn nicht, er hat seine Ruhe verdient.

Verkalkung

Ebenso wie ein alter Mensch kann auch ein Hund typischen Altersstarrsinn entwickeln oder sogar verkalken. Manche greisen Dackel zum Beispiel wissen nicht mehr genau, wer zur Familie gehört und wer nicht, und knurren plötzlich und unverständlicherweise ein Familienmitglied an oder schnappen sogar.

Wichtiger Hinweis: Irgendwann sollten Sie Ihren Oldie auch nicht mehr auf weite Auslandsreisen mitnehmen, so weh das auch tun mag. Es ist einfach zu anstrengend für ihn.

Abschied

Es ist für alle Beteiligten schön, wenn Ihr Hund eines Tages oder Nachts einfach friedlich einschläft und nicht mehr aufwacht. Aber dieses Glück ist den wenigsten Vierbeinern vergönnt. Sehen wir es daher als Vorteil an, dass wir bei Tieren im Unterschied zu Menschen ohne rechtliche Probleme Sterbehilfe leisten dürfen.

Entscheidung für Euthanasie

INFO **Normalerweise darf man seinen Hund im Garten begraben, wenn das Grundstück nicht in einem Wasserschutzgebiet liegt. Fragen Sie bei Ihrer Gemeindeverwaltung nach.**

Hier den richtigen Zeitpunkt zu wählen ist eine entsetzliche, grausame Pflicht, bei der selbst der Tierarzt nicht immer hundertprozentig helfen kann. Keiner kennt Ihren Hund so gut wie Sie. Aber er kann Ihnen nicht sagen, ob er Schmerzen hat, ob er leidet oder ob er nicht mehr leben möchte.

Gut gemeinte Ratschläge von Freunden und Verwandten sind in dieser Situation selten hilfreich. Und keine Entscheidung ist so endgültig wie diese. Treffen Sie sie ohne Zögern, wenn Ihr Hund unter unerträglichen Schmerzen leidet, die nicht mehr besser werden. Wenn es um einen extrem alten Hund geht, wird der Entschluss bei aller Trauer viel leichter fallen als bei einem jungen Hund, der einen Unfall hatte oder unter einer vielleicht unheilbaren Krankheit leidet.

Wann ist es soweit?

Noch schwieriger ist die Wahl des richtigen Zeitpunktes, wenn es sich um reine Altersschwäche handelt. Hat ein Hund noch Spaß am Leben, wenn er zwar nichts mehr hört und sieht, auch nur noch schlecht laufen kann, aber immer noch gern frisst und schmust? Ich meine, ja. Nicht selten sind es nämlich die Menschen, denen die Situation unerträglich ist und die die Gnade der Euthanasie bewusst oder unbewusst missbrauchen, um sich eines Problems zu entledigen.

Fragen Sie sich darum ganz ehrlich: Wollen Sie sich von Ihrem eigenen Leiden oder Ihr Tier von dem seinen erlösen, wenn Sie es einschläfern lassen, weil es nicht mehr stubenrein ist, nicht mehr gut riecht und kaum mehr allein gelassen werden kann? Ein alter Hund braucht mehr Pflege – genau wie ein alter Mensch.

Was geschieht beim Einschläfern?

Wenn es aber nun einmal so weit ist, dass Sie Ihren Hund einschläfern lassen müssen, weil er nicht mehr allein aufstehen, sich nicht mehr allein hinlegen und kaum noch laufen kann und keinen Appetit mehr hat, dann bitten Sie Ihren Tierarzt zu sich in die Wohnung. Versuchen Sie, Ihrem Hund den Stress und die letzte Aufregung eines wahrscheinlich Zeit seines Lebens gefürchteten und verhassten Praxisbesuches zu ersparen. Ein guter Veterinär wird dafür Verständnis aufbringen. Lassen Sie also Ihren Freund in seiner vertrauten Umgebung sterben.

Der letzten gemeinsamen Minuten

Er wird zunächst eine Beruhigungsspritze bekommen. Erst wenn sie Wirkung zeigt und der Hund bereits eingeschlafen ist, verabreicht ihm der Tierarzt die tödliche Injektion. Streicheln Sie das Tier die ganze Zeit und bleiben Sie auf jeden Fall bis zum letzten Atemzug bei ihm. Zeigen Sie ihm nicht, wie traurig Sie sind. Er würde das merken. Sagen Sie nicht, Sie könnten das nicht. Glauben Sie mir, wenn es drauf ankommt, können Sie es – Ihrem Hund zuliebe.

Perspektiven

Keiner kann Ihnen Ihren Hund wiedergeben, aber Sie können wieder einem anderen Hund ein Zuhause schenken!

Es ist nicht pietätlos, sondern schon aus Tierschutzgründen sinnvoll, sich trotz aller Trauer mit dem Gedanken an ein neues Tier anzufreunden. Denn, wenn Sie wieder einen Hund aus dem Tierheim oder von der Straße aufnehmen, und das werden Sie doch wohl, dann gibt es ein trauriges Tierschicksal weniger auf dieser Welt. Machen Sie daher bitte nicht den Fehler, nach der schmerzlichen Erfahrung aus Angst vor einem weiteren Verlust auf einen Nachfolger zu verzichten.

Das Leben geht weiter

Natürlich kann der Neue Ihren Liebling nicht ersetzen – versuchen Sie also gar nicht erst, die beiden ständig miteinander zu vergleichen, denn jeder Hund ist eine eigene Persönlichkeit. Und der Neue wird Ihnen bald ein ebenso treuer und liebenswerter Gefährte sein. Das ist schön. Und trotzdem werden Sie seinen Vorgänger nicht vergessen.

In vielen Städten gibt es Tierfriedhöfe. Oft kennen Hundevereine die Anschriften.

Kinder spezial

Was du tun musst, wenn du einen Hund haben möchtest

🐾 Wer ein eigenes Haustier hat, übernimmt eine große Verantwortung und muss, um möglichst alles richtig zu machen, ziemlich viel über sein Tier wissen, über dessen Verhalten und dessen Bedürfnisse. Daher solltest du nicht nur die folgenden Seiten aufmerksam lesen, sondern auch mit Freunden sprechen, die schon einen Hund haben. Lass dir von ihnen erzählen, was sie alles tun müssen, damit sich dein Vierbeiner wohl fühlt. Lass ihn auch von einem Tierarzt untersuchen.

🐾 Überleg dir zuerst, ob du dich um einen Hund auch in den nächsten 10 bis 15 Jahren kümmern und viele Stunden deiner Freizeit mit ihm verbringen willst. Ein Hund macht viel Freude und Spaß, aber auch viel Arbeit. Wenn du dazu keine Lust hast und schon nach kurzer Zeit deinen vierbeinigen Freund nicht mehr bürsten oder Gassi führen möchtest (zum Beispiel weil es gerade regnet), solltest du dir statt eines lebendigen Hundes lieber ein Plüschtier wünschen.

🐾 Wenn du wirklich einen Hund haben möchtest, gehst du am besten zusammen mit deinen Eltern in ein Tierheim. Dort warten ganz viele Hunde, kleine und große, ganz junge, junge und ältere, auf ein neues Zuhause. Such nicht einfach nur den Hund aus, der dir am besten gefällt, sondern frag die Tierheim-Mitarbeiter um Rat. Sie wissen, welcher Hund verspielt und kinderlieb ist.

Was du tun musst, um deinen Hund an sein neues Zuhause zu gewöhnen

Kinder spezial

🐾 Wenn du deinen neuen Kumpel nach Hause gebracht hast, braucht er sicher erst einmal etwas Ruhe und vor allen Dingen Zeit, um sich in der neuen Umgebung einzugewöhnen. Also lade bitte nicht gleich alle deine Freunde ein, damit sie ihn begutachten – auch wenn es dir vielleicht schwer fällt.

🐾 Wenn dein Hund noch etwas ängstlich ist, dürfen sich auch ein paar Tage später nicht gleich viele Kinder auf einmal auf ihn stürzen. Lass ihm Zeit! Ganz wichtig ist, dass ihr nicht zu wild und vor allem nicht zu laut seid. Hunde haben extrem empfindliche Ohren und können Lärm oft nicht ausstehen. Wahrscheinlich sind die Hektik und das Geschrei vieler Kinder einer der Hauptgründe, warum manche Hunde keine Kinder mögen. Und das ist schade. Achte immer darauf, wenn ein Hund knurrt. Nimm dies ernst, denn es ist eine Drohung, und höre dann auf, ihn zu streicheln oder ihm zu nahe zu kommen. Er will nämlich in diesem Moment offensichtlich seine Ruhe haben. Das ist nicht weiter schlimm. Schließlich ist jeder ja einmal »nicht so gut drauf« und will allein sein. Mitunter knurrt ein Hund auch, wenn er ungestört an seinen Knochen knabbern möchte. Auch das musst du akzeptieren.

GRRRR...

Kinder Spezial

Was du über deinen Hund wissen musst

Auch Tiere zeigen durch ihre Körpersprache, wie es ihnen gerade geht. Aber es gibt wesentliche Unterschiede: Wenn ein Hund mit dem Schwanz wedelt, heißt das, dass er sich freut und auch Menschen oder anderen Hunden gegenüber freundlich ist. Bei Katzen ist es aber genau umgekehrt: Wenn eine Katze mit dem Schwanz wedelt oder schlägt, ist sie schlecht gelaunt, wird wahrscheinlich gleich fauchen und fährt im schlimmsten Fall im nächsten Augenblick die Krallen aus!

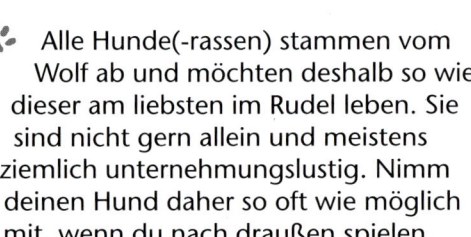

Alle Hunde(-rassen) stammen vom Wolf ab und möchten deshalb so wie dieser am liebsten im Rudel leben. Sie sind nicht gern allein und meistens ziemlich unternehmungslustig. Nimm deinen Hund daher so oft wie möglich mit, wenn du nach draußen spielen gehst. Ein Hund gehört zu seinen Menschen und darf nur in Ausnahmefällen weggesperrt werden.

Manche Hunde werden mitunter ein wenig grob, wenn sie mit Kindern toben oder raufen. Wenn er dich einmal am Ärmel zupft oder am Hosenbein zerrt, so ist dies kein Beißen, sondern Spiel. Dabei machen Hunde oft ein Geräusch, das man leicht mit echtem Knurren verwechseln kann, das aber auch zur Rauferei gehört und nur Spaß ist. Wenn du dir unsicher bist, frag einen Erwachsenen, der sich mit Hunden auskennt.

Kinder spezial

🐾 Vor allem, wenn dein Hund noch ein Welpe ist, hat er noch mehr Blödsinn im Kopf als du und deine Freunde. Dann kann es leider auch sein, dass er manchmal etwas kaputtmacht und zerbeißt, vielleicht auch einmal eines deiner Lieblingsspielzeuge. Das kann ziemlich bitter sein, aber damit muss man leider rechnen. Am ehesten vermeidest du das, wenn du dich viel mit dem Hund beschäftigst und er selbst genügend Spielsachen hat. Schließlich kommen viele erst bei Langweile auf dumme Gedanken!

🐾 Falls dein Hund ein langes Fell hat, muss er regelmäßig gebürstet werden. Er freut sich, wenn du das machst, und er genießt es genauso wie wenn du ihn streichelst.

🐾 Wer Tiere hat, hat mehr Arbeit als andere. Unterstütze deshalb deine Eltern so oft wie möglich. Geh mit dem Hund eine Gassi-Runde oder mache ihm das Futter, falls du das schon kannst. Eine ganz große Hilfe kannst du sein, wenn du deinen Eltern vor allem in Stress-Situationen etwas abnimmst. Zum Beispiel beim Ein- oder Umsteigen in Züge oder Straßenbahnen. Wenn die Erwachsenen sich um viel Gepäck kümmern müssen, passt du in dieser Zeit auf den Hund auf und übernimmst seine Leine.

Kinder spezial

Was du im Umgang mit deinem Hund beachten musst

🐾 Zwar muss ein Hund in bestimmten Situationen gehorchen und auch einige Regeln einhalten, aber du darfst ihn nicht zu Dingen zwingen, die er nicht möchte, wie zum Beispiel im Puppenwagen gefahren zu werden oder sich ein Kleid anziehen zu lassen. Auch ein Hund muss nicht alles machen, was andere von ihm wollen.

🐾 Achte unbedingt darauf, dass auch deine Freunde und Schulkameraden niemals grob zu deinem Hund sind. Auf keinen Fall darfst du zulassen, dass jemand deinen Hund ärgert oder ihm etwas Böses tut. Das sollte übrigens auch für alle anderen Hunde gelten!

🐾 Wenn ein Hund gequält wird, kann es auch sein, dass er einmal zuschnappt. Selbst der allerliebste Hund verliert nämlich einmal die Geduld. Und das ist, finde ich, mitunter auch völlig in Ordnung!

🐾 Störe niemals einen Hund beim Schlafen oder Essen, vor allem nicht, wenn er gerade einen superleckeren Knochen zwischen den Pfoten hält. Das ist dem Hund gegenüber ganz gemein. Du möchtest ja auch gern in Ruhe dein Eis schlecken, oder?

Kinder Spezial

🐾 Achte darauf, niemals unüberlegt und voreilig eine Haus- oder Autotür aufzureißen, wenn der Hund ohne Leine hinausspringen kann. Auf diese Weise sind schon viele Unfälle passiert, zum Beispiel, wenn ein Hund dann auf die Straße läuft und überfahren wird.

🐾 Wenn du deinen Hund Gassi führst, zerre ihn nicht überflüssig an der Leine herum. Der Spaziergang ist für ihn da und da muss er überall in Ruhe schnuppern und möglichst auch mit anderen Hunden spielen oder Bekanntschaft schließen dürfen. Mitunter müssen Kinder dann lernen, etwas Geduld zu haben.

🐾 Beschäftige dich viel mit deinem Hund. Vielleicht bist du auch sportlich, dann könntest du mit ihm auf den Agility-Parcours gehen. Du wirst sehen, wie viel Spaß es euch beiden macht, die Hindernisse erfolgreich zu bewältigen.

🐾 Wichtig: Falls du Probleme mit deinem Hund hast, falls er dich anknurrt oder gar nach dir schnappt, musst du mit deinen Eltern darüber sprechen. Bestimmt finden sie eine Lösung.

Serviceseiten

Wichtige Adressen

DEUTSCHLAND
Deutscher Tierschutzbund
Baumschulallee 15
53115 Bonn
Tel.: 02 28 / 60 49 60
Fax: 02 28 / 60 49 6-40
E-Mail: bg@tierschutz-
bund.de
Internet: http://www.tier-
schutzbund.de

Bund gegen Missbrauch
der Tiere (BMT)
Siedlerstraße 2
61203 Reichelsheim
Tel.: 0 60 35 – 59 16
Fax: 0 60 35 – 96 11 18
(Beim BMT erhalten Sie
auch Kontaktadressen von
Tierschutzvereinen in Un-
garn und Madrid)

ÖSTERREICH
Zentralverband der Öster-
reichischen Tierschutzver-
eine & Wiener Tierschutz-
verein
Triesterstraße 8
A-2331 Vösendorf
Tel.: 01 / 6 99 24 50
Fax: 01 / 6 99 24 50 98
E-Mail: webmaster@wr-
tierschutzverein.org
Internet: http://www.wr-
tierschutz.org

SCHWEIZ
Schweizer Tierschutz (STS)
Birsfelderstraße 45
CH-4052 Basel
Tel: 0 61 / 3 78 78 78
Fax: 0 61 / 3 78 78 00
E-Mail: info@tierschutz-
beider-basel.ch
Internet: http://www.tier-
schutz-beider-basel.ch

IN VIELEN LÄNDERN AKTIV:
Pro Animal für Tiere
in Not e.V
Heugasse 1
96231 Uetzing
Tel: 0 95 73 / 66 81
Fax: 0 95 73 / 66 23
E-Mail: info@Pro-Anima-
le.de
Internet: http://www.Pro-
Animale.de

Kontaktadressen zu weite-
ren Tierschutzvereinen:

KANAREN
Arche Noah Teneriffa e.V.
Obergasse 10
64625 Bensheim
Tel.: 0 62 51 / 6 61 17
Fax: 0 62 51 / 6 61 11
E-Mail: arche.noah@t-onli-
ne.de
Internet: http://www.Ar-
cheNoah.de

Tierhilfe Fuerteventura e.V.
Rosemarie Dammann
Dickstraße 101
53773 Hennef/Sieg
Tel. + Fax:
0 22 24 / 86 74 82

Tierhilfe Lanzarote
C/Las Yucas N° 3
35508 Costa Teguise
Tel. + Fax:
0034 / 928 / 59 10 44

BALEAREN
Tierhilfe Mallorca e.V
Marktplatz 6
65428 Rüsselsheim
Tel. + Fax:
0 61 42 / 1 64 60

ANDALUSIEN
TSV Roquetas de Mar e.V.
Hesselbacher Straße 4 b
51645 Gummersbach
Tel: 0 22 61 / 5 59 90
Fax.: 0 22 61 / 5 59 77
Tierheim in La
Mojonera/Almeria
Tel. + Fax:
00 34 / 950 / 52 03 58

COSTA BRAVA
Tierheim Manresa e.V
Tel.: 0 24 52 / 8 70 33

PORTUGAL
Verein der Freunde verlas-
sener Tiere Loulé
Appartado 3135
P-8136 Almancil/Algarve
Tel.:
0 03 51 / 2 89 / 41 68 62

ITALIEN
Lega pro Animale
Via MarioTommaso
I-81030 Castelvolturno
(CE)
Tel.:
00 39 / 08 23 / 85 95 52

GRIECHENLAND
Infozentrum Arche Noah
Daskalogiannis 35
Chania/Kreta
Tel.:
00 30 / 8 21 / 5 50 30
Kontakte über:
Thomas Busch
Tel.: 01 70 / 3 16 94 19

TÜRKEI
Tierhilfe Süden e.V.
Konradstraße 12
80801 München
Tel. + Fax: 0 89 / 39 77 22
Roswitha Schopper,
Alanya
Tel:
00 90 / 2 42 / 3 49 45 80
Karin Klimm, Alanya
Tel.:
00 90 / 2 42 / 5 22 06 90

BULGARIEN
Tierhilfe Bulgarien
Aschaffenburger Straße 70
63500 Seligenstadt
Tel. + Fax: 0 61 82 – 16 77

ANMERKUNG DER AUTORIN:
Die Anschriftenliste der
Kontaktadressen erhebt
keinen Anspruch auf Voll-
ständigkeit. Die Autorin
kennt die genannten Tier-
heime als zuverlässig. Das
bedeutet jedoch nicht,
dass nicht auch andere,
hier nicht genannte Tier-
schutzorganisationen se-
riös sind.

Sie finden uns im Internet: www.falken.de

Dieses Buch wurde auf chlorfrei gebleichtem und säure-
freiem Papier gedruckt.

Der Text dieses Buches entspricht den Regeln der neuen
deutschen Rechtschreibung.

Für Mikis Ludwig (~18.9.1979 – 27.1.1993)

ISBN 3 8068 2646 3

© 2000 by FALKEN Verlag, 65527 Niedernhausen/Ts.
Die Verwertung der Texte und Bilder, auch auszugsweise,
ist ohne Zustimmung des Verlags urheberrechtswidrig
und strafbar. Dies gilt auch für Vervielfältigungen, Über-
setzungen, Mikroverfilmung und für die Verarbeitung mit
elektronischen Systemen.

FOTOS: FALKEN Archiv/Feuz: S. 101; Huber: S. 15, 28,
  85; Pinzer: S. 56; Redeleit: S. 17, 67 89, 112; Schanz:
  S. 69, 76, 78, 82/83, 90, 91, 99 103; Steimer: S. 73, 81,
  92, 97, 104, 109; TLC, Velen-Ramsdorf: S. 101; Deut-
  scher Tierschutzbund, Bonn: S. 11; C. Ludwig, rankfurt:
  S. 7, 9, 19, 66; alle übrigen U. Schanz, München
ZEICHNUNGEN: FALKEN Archiv/Farkas-Dorner: S. 108
  Eva Wagendristel, Berlin (Kinder Spezial)

Die Ratschläge in diesem Buch sind von der Autorin und
vom Verlag sorgfältig erwogen und geprüft, dennoch
kann eine Garantie nicht übernommen werden. Eine
Haftung der Autorin bzw. des Verlags und seiner Be-
auftragten für Personen-, Sach- und Vermögensschäden
ist ausgeschlossen.

DRUCK: Appl, Wemding

817 2635 4453 6271

Register

Erste Hilfe

Ratschläge für den Notfall

- 🐾 Bleiben Sie ruhig und besonnen!
- 🐾 Unterbinden Sie jede Fluchtmöglichkeit!
- 🐾 Bringen Sie den Hund schnell aus der Gefahrenzone!
- 🐾 Legen Sie den Hund auf die unverletzte Seite!
- 🐾 Beruhigen Sie den Hund mit leiser Stimme!
- 🐾 Legen Sie dem Hund eine Schnauzenbinde an, wenn er Schmerzen hat und schnappt!
- 🐾 Bitten Sie eventuell Passanten, Ihnen beim Transport zum Auto/Taxi zu helfen!
- 🐾 Fahren Sie auf dem schnellsten Weg zum Tierarzt!

Schnauzenbinde

Auch der liebste Hund kann Sie beißen, wenn er Schmerzen hat. Um ihm helfen zu können, müssen Sie ihm die Schnauze zubinden. Sie brauchen dazu eine etwa 1 m lange Binde (z. B. Schal, Krawatte, Stoffgürtel). In der Mitte einen Knoten machen und, wie auf der Zeichnung zu sehen, um die Schnauze legen und hinter dem Kopf verknoten. Üben Sie das mit Ihrem Hund.

Extra-Tipp

Notieren Sie auf einem Zettel, den Sie bei jedem Hundespaziergang bei sich tragen, die Telefonnummer und Sprechstunden Ihres Tierarztes, der nächstgelegenen Tierklinik, des Tierärztlichen Notdienstes und eines Taxiunternehmers (Tiertaxi), das auch verletzte Hunde transportiert. Oder speichern Sie diese Nummern in Ihrem Handy.

Erste Hilfe bei offenen Wunden

- 🐾 **Pulsierende Blutungen an Gliedmaßen:** Das Bein oberhalb der Wunde mit elastischem Material (z. B. Schal oder Strumpf) abbinden; alle 15–20 Minuten lockern, damit das Bein nicht abstirbt. Wunde verbinden.
- 🐾 **Blutungen am Körper:** Wunde abdecken und über dem ganzen Körper einen Druckverband anlegen.
- 🐾 **Leichte Blutungen:** Mit einem sauberen Taschentuch einige Minuten auf die Wunde drücken und nach Möglichkeit die verletzte Stelle kühlen. Verband anlegen.
- 🐾 **Blutige Verletzungen an den Zehen:** Die Zwischenräume weich auspolstern (z. B. mit Watte oder Papiertaschentüchern) und die Pfote verbinden.